卒《そつ》母《はは》のススメ

西原理恵子＋卒母ー
RIEKO SAIBARA+ SOTSUHAHA'S

JN173723

「卒母のススメ」募ります

《娘が16歳となり、母親卒業を決めた西原理恵子さん。

卒母って必要？ いつするの？ といった意見や体験談、卒母後の夢を寄せてください。

「夫が子供返りして卒母できない」などの厳しい現実も歓迎》

毎日新聞2017年6月14日「卒母のススメ」募集告知紙面より

本書には、右の募集で寄せられた投稿から101編を収録しました。

そして
人類最強
おばさん
誕生
どんな理屈も
踏んで
乗り越える

卒母のススメ

もくじ

【デザイン】
星野ゆきお+村田慧太朗
(VOLARE inc.)

【作画協力】
麓愛

【毎日新聞連載担当】
柴沼 均、矢澤秀範
(毎日新聞生活報道部)

西原理恵子オフィシャルホームページ「鳥頭の城」
http://toriatama.net/

卒母のススメ

第一章

卒母バンザイ

あの「指示待ち人間」が

（兵庫県尼崎市、絵画講師、佐藤美佳、48歳）

「『超指示待ち人間』で、自分で考えて行動できない。いつもボーッとしている」と担任の先生から指摘され続けた長男に私は不安を感じていた。そんな彼が大学2年の春から下宿を始めた。引っ越して数日は「お湯が出ない」「洗濯して服が縮んだ」とパニックになって電話してきたが、その後は全く連絡がなくなる。最近ふらりと帰ってきて「解放感を感じ、自由を満喫している」「賄い付きの食堂でバイトを始め、食事にも困らない」と言う。驚いたのは、アトピーがひどかったのに肌が奇麗になっていたこと。もしかして「母の呪縛」から解き放たれたのが良かった⁉

下宿したいと言った時、私はまだ早いと反対したが、まさに天の時だったのだ。彼に関しては「卒母」でいいだろう。高校3年の娘が大学生になったら完全に卒母し、パワースポット巡礼の旅に出たい。

子育ての
仕上げが
よその
釜の飯
なのかも
そのまま
放流に
なるんだ
ろーけど
じゃーねー
じゃー

努力は実を結ばないのね

（東京都西東京市、疲れた母、55歳）

自分が虫歯で苦労したから仕上げ磨きを欠かさなかったのに、今じゃ歯磨きしない男に。自分は本を読んでもらえなかったから毎晩本を読み聞かせていたのに、今じゃケータイ以外の活字は読まない男に。保育園や学校の給食表を冷蔵庫に張り、朝食夕食の献立が重ならないよう手作りしていたのに、今じゃカップ麺大好き男に。環境のため親子でエコ活動していたのに、今じゃ分別どころか一面ごみの部屋で暮らす男に。睡眠が大事だと、会社から帰宅後すぐ夕食、入浴、毎晩9時前には必ず寝かせていたら、今じゃ寝っぱなしの男に。

少子化バンザイ。こんな理不尽な母親になれなんて、未来ある人に絶対言えない。徒労感いっぱいで、私は卒親する気満々だ。ただ、あふれる愛で、大切な存在を守ることに必死だった日々。幻でも一時それがあったことに感謝している。あの日々と今がなければ、私はもっと不遜な、とんでもない人間になっていたような気がするから。

卒親にあたって息子らにひと言。

「努力が全く実を結ばない世界があるってこと、教えてくれてありがとう」

あー良かった、満点です

（静岡県静岡市、主婦、鈴木陽子、60歳）

私は、母にしつけはされたけれど、抱っこされたり、「あなたのままでいい、大丈夫」と言ってもらったりしたことがありません。それどころか、「あなたは全て間違っている」と言われながらも、私は何とか母に褒められたくていい子をやって育ちました。

自分の子を育てる時、途方に暮れました。抱っこも、泣く子を大丈夫と見守ることもできません。育児書を読み、そのとおりに育てました。子育て講座に出かけ、「女優になって抱っこするのよ」「『ダメなあなたも好きよ』と言いなさい」と言われました。

次男は、本も女優もなしでできたと思います。次男は寄り添ってくる子でしたから楽でした。でも長男は本を読み、女優になって必死になって育てた子です。これで良かったのかと、いつも心配でした。

昨年（２０１６年）の暮れ、ついに長男が生涯の伴侶をつれて来ました。気立てが良く、私にも優しい気遣いをしてくれるいい子です。あー良かった、満点です。もう言うことありません。

節目ごとに何度も卒母してきたと思っていましたが、今度こそ肩がすっかり軽くなりました。

一里塚の休憩なのかな

（千葉県八千代市、無職、藤井麗子、90歳）

戦後8年外地で主人と拘留生活を送り帰国した私たちは、言葉も分からぬ4人の子供と共に頑張って生きた。4人が受験までこぎ着けたある日、父親が勤務中に息を引き取った。37歳で夫を亡くした私はまともに子供を見守ることもなく、子供たちは自力で大学に行き、それぞれの仕事に携わり、現在は定年を迎え、素晴らしい家庭の中で生活している。

そんな母だったのに、4人が24人の大家族になり、米寿を祝ってくれた。そして卒寿を迎え、4人への感謝の会をさせてもらった。「皆頑張ったね、ありがとう」と一言添え、1歳から6歳の4人姉弟の原点である日本帰国時の写真を渡した。

私は卒寿で「人間卒業」し、残りの人生を自由に過ごしたいと思ってきたが、新聞紙上で「卒母」の活字を目にして驚いた。母には生きている限り卒業があるとは思ってもいなかった。例えば入試が済んでホッと一里塚、結婚式を迎えてホッと二里塚……。それは卒業ではなく、一里塚の休憩の時間。でも「卒母」で解放された方々も長い人生の中で幸せなひとときに違いない。

ハイハイしただけで
立ったただけでうれしくて
今もその姿を
覚えてる
しかもそんな姿の
跡形もなく
大きくなった
とこまで
見られて
私、ありがたい
なあって
毎日
思ってます

震災で成長を見届けた

（宮城県石巻市、自営業、相澤陽子、52歳）

君たちはゲームと携帯にかじりついていて、自分からは何もやらない2人だと思っていたよ。東日本大震災が起きた時、家に津波が押し寄せた。壊れた家で助けを求められない絶望的な状態。限られた水、少ない食料、寒い部屋。私は君たちを生かさなければと必死だった。

つらい不安な日々が続く中、私は君たちに救われたよ。何も言わなくてもストーブでご飯を炊けるようになった。泥にまみれながらがれきを片付けてくれた。知人の死亡や行方不明の知らせも淡々と受け止めてくれた。夜は寒さをしのぐため、私に寄り添って横になってくれた。久しぶりの君たちの体温や寝息は幼い頃とは違い、確かに成長していた。乗り越えられたのは君たちのお陰だよ。

電気が通じたら、君たちはまたゲームと携帯にかじりついちゃったけど、これから先どんなことも乗り越えられるくらい成長してくれたと見届けたよ。それから、大きくなれなかった子供も、子供の成長を見届けられなかった大人もたくさんいたってこと、忘れないでいて。

救世主の笑顔に囲まれ

（福島県郡山市、パート、高木明子、48歳）

手塩にかけて育てた1人っ子の箱入り娘。「1人暮らしがしたい！」と宣言され、大学進学と同時に家を出ました。あっという間の夫婦２人暮らし――。東日本大震災以降、余震におびえ、高校生になっても私の隣で寝ていたくせに。ああそれなのに。覚悟しつつも「これって卒母……⁉」と途方に暮れた私に手を差し伸べてくれた救世主が、学童保育の子供たち‼

毎日、全身全霊で私にぶつかってくるやんちゃな子供たちと同じ土俵に上がり、全力で闘う私。気が付けば子供たちの笑顔に囲まれ、幸せです。今の働くお母さんたちは時間に追われ、大変です。子供たちもちゃんとそこを理解して親に気を使っているな……と感じる場面が多々あります。そんなお母さんたちの子育てのお役に立てればいいなと思っています。

「卒母」とはいえ、現実として受け入れられずウロウロしていた私の居場所が、何となく見つけられた気がします。

そんな楽しみ方があったのか

（東京都足立区、団体職員、ルンバ、51歳）

卒母は2年前に突然やってきました。最初は娘。高校卒業と同時に独立しました。そして今年は長男。「やりたい仕事が見つかった」と就職し、巣立って行きました。

卒母なんてまだまだ先だと思っていたのに、寂しくて仕方ありません。一番寂しい瞬間は、子供が休暇で帰って久しぶりに家族団らんできた翌日です。朝起きて「あぁいないんだ」、仕事から帰ってきて「あぁ帰っちゃったんだ」と思う瞬間です。

脱ぎ散らかした服がそのままあると、声をあげて泣いちゃいます。わざと「ただいま」と声を張り上げてみます。脱ぎ散らかした服は、1週間くらいそのままにしておきます。まるで一緒に暮らしているかのように。

夫と2人暮らしになって激変したことはたくさんありますが、娘が独立したとたん水道代がグンと下がり、息子が独立したらいつまでもお米が減りません。20年来使っていた冷蔵庫を、思い切って半分のサイズに買い換えました。そうしたらやっと食材が満杯になりました。

寂しくて家に帰りたくない時は、映画にも行きます。「そうか、仕事が終わってもご飯を待つ子がいないなら、そんな楽しみ方があったのか」と気付きました。

今年は私にとってミュージカル貧乏の年でした。初演以来通い続けている劇場に行こう！　秋も、冬も、待ち望んだ演目が続くから心置きなく通おう！　会社から有給をいただいて昼の部。夕食を気にせず夜の部。そんな楽しみの合間にも考えることは子供のことばかりです。

一番大事にしているのは、いつでも何も考えずに家に帰ってこられること。だから我が家は予告なしに２人とも帰ってきます。普通に「おなか空いた」とご飯を食べ、私がいなかったら洗濯物を取り込んでくれる、そんな日々です。

でもやっぱり寂しいな。でもこの寂しさから祈る思いが、子供たちの未来の家庭につなぐことができると信じています。

「卒母」旅行

（神奈川県足柄上郡、主婦、匿名希望、53歳）

3年前、ママ友3人で北海道旅行へ行きました。3人とも末の子が大学4年男子。「ゼミの卒業旅行」だ「サークルの卒業旅行」だと騒いでる中、「お母さんの卒業旅行」と題して出発。旅行会社の人にも「この企画どうです？」と売り込む冗談を言ったりと、旅行を満喫しました。その時は楽しいだけの旅行で、卒母なんて口だけだったけれど、それから3年の間に3人の子供たちは就職し、家から独立。他の兄姉たちも結婚したり1人暮らしを始めたり。とうとうママ友3人、皆夫婦2人暮らしになり、自然と卒母になっちゃいました。このまま3人で自分たちの楽しみを見つけつつ、流れの中で程良く自然体でいる気がします。

「新婚以来なのよ」

（神奈川県横浜市、派遣社員、ちゃい、45歳）

私の母の話です☆　私が大学生の時に１匹のマルチーズが我が家へやってきました。子供が大きくなり、少しバラバラになっていた家族にとって、まさしく太陽のような存在です。家族会議で名前は「ルナ」と決定！

それはそれはかわいくて、無邪気に家の中を走り回っている（食卓の周りを毎日のように20周も30周もダッシュする）姿は皆を笑顔にしてくれました。

やがて私は結婚。その10年後には弟も結婚し、実家には両親とマルチーズが残りました。病気をしたこともありましたが、散歩が大好きで大切に育てられたルナはあと１カ月で20歳を迎える時に息を引き取りました。周りにも驚かれるほど長生きをしてくれました。20年近くも家族として過ごせて私たちも幸せでした。

ルナがいなくなってから、母がぽつり。「お父さんと２人なのは新婚以来なのよ」と。母に訪れた一つの卒母だったのかなぁ、と感じた瞬間でした。

息子の説教にニヤリ

（静岡県熱海市、無職、まきずし、86歳）

私が卒母を意識したのは第1子の長男が0歳の時でした。以前、我が家で出産した犬や猫の赤ん坊と全く同じ仕草をし、同じ声を出すのです。その時私は悟りました。この哺乳類ヒト科の動物を20歳までに人間に育て、世に送り出すのが親の役目だと。第2子の長女も同様でした。子は授かりものというより、預かりものと感じました。人間はまず動物として健康でなければと思って育てました。

子離れとか親離れとかの意識もなく、いつの間にか2人とも自然に巣立っていきました。今、私は80代で夫に先立たれ、子供たちは50代ですが、嫁や孫も友達のような感覚です。息子は時々親のような顔で私に説教をします。私は口答えをしたり、ハイハイと言ったりしますが、内心ニヤリとして幸せを感じます。頭と体が元気なうちは、生まれて初めての1人暮らしを楽しむつもりです。

大人になるには
あと何年かかるのか
育てられるのか
無事に育って
くれるんだろうか
生まれたばっかりは
だっこしながら
一日に何回も
カレンダーを
見た

うわー
まだ一ヵ月しか
育ててない
二ヵ月目
すごい遠い

認知症の母との日々

（大阪府大阪市、自営業、藤本祐子、72歳）

5年前に92歳で逝った母。農家の娘が安サラリーマンと結婚しての都会生活は経済的余裕もなく、窮屈な生活を強いられていた。冗談やお世辞が言えなくて生まじめが服を着ているような人でした。

後年、認知症を患い寝たきり生活になり、何をするのも不器用な私の介護を受ける羽目に。もともと大きな声など出したことのない母がベッドから大声で呼ぶ。「なんや？」と答えると「ブサイク」と返ってきた。母ソックリの私に向かって何てこと……もう爆笑でした。その後も私が歌うと「下手くそ」。私を呼ぶのも「兄上」「お嬢さん」と言いたい放題でしたが、私がせきをすると「早く薬を飲みや」。ホロリと涙がこぼれました。

認知症という病が母の生まじめな性格を変え、母親業を卒業させたように思います。

子供以上の宝はない

（北海道札幌市、横山美和、53歳）

第1子の長女を亡くした後に授かった長男は貴くて可愛くて、これ以上ないほど手をかけて育てた。乳児の頃はひたすら抱いていたし、小学生になっても一緒に寝て、これほど愛しい存在は他に何もないことを確信した。「銀《しろかね》も金《くがね》も玉も何せむに勝れる宝子にしかめやも」。ああ、本当にそうと感じた。

身長が同じくらいになった頃、ぴたりと話をせず、親を寄せ付けず、何を考えているのか分からなくなった。行動範囲も広がり、遠い世界へ行ってしまった。1人暮らしを始めたらメールさえなくて、こちらから連絡すると「おけ（オーケー）」「りょ（了解）」と短縮返信が届く。たぶん、仕事をしながら好きなことも続けている様子なのは、母として究極の幸福だと思う。私は念願のスカイダイビングをしたよ。あなたはあなたの人生をしっかり生きていってね。愛を与えさせてくれてどうもありがとう。

小さい頃に自立させ

（東京都江東区、主婦、岡田智佐子、70歳）

私は長女4歳、長男3歳から卒母しました。えっ⁉ そんな小さい頃から卒母できるのかと疑問に思われるでしょうが、大げさではないのです。生活の中で子供でもできる範囲からやらせるのです。何度失敗しても手助けせずやらせます。できない原因を説明して何回も挑戦させます。親子共に根気と我慢の日々でした。小学校低学年より電話番とメモ書き、食事の手伝いと片付け、風呂焚き、洗濯物の取り込み、もろもろさせました。

現在、長女45歳、長男43歳。娘はアメリカへ嫁に行き、3人の男の子の母親に。私は2人しか産んでいないので尊敬しています。息子は仕事で二足のわらじを履いています。それなのに私を尊敬していると言ってくれています。

小さい頃より一人の人間として卒母し自立させた事が、実をつけ花を咲かせたと思っています。2人の子供に多謝。

「お手伝い」
させると家事が
10倍忙しくなる
あの呪いの言葉
これ
きちんと
やらせてる
人、ホンマ
尊敬
します
トップオブ
ブリーダーです
ちょー
ムリムリ
てつだい
おてつだい
ぐっちゃー
ぐっちゃー

今がその時

（山口県宇部市、学童指導員、もりもり、55歳）

「卒母のススメ」という言葉にずっと違和感がありました。関わり方は年齢と共に変わっても母は母でしょ！　と。

9月に入り息子が院の試験に落ちて（高校、大学と志望校に落ち続けた実績の持ち主）、何て声をかけたらいいのだろうかと悶々としていましたが、新聞連載で「小さい頃に自立させ」（P24）を読んで卒母という言葉が理解できたような気がして、今が私にとって卒母の時だと実感しました。

当たり前だけど、子供を一人の人として信じて見守る。自分でしたことは自分できちんと責任をとらせる。実践してきたつもりでしたが、実は子供ではなく私の心にゆるさがあったのだと思いあたりました。

子供を産んだ時にした「育てる」という覚悟にさようならする時がきました。

お疲れさま！

夫婦2人で

（滋賀県近江八幡市、主婦、岡本美知子、67歳）

いつまでも子供をひきずっていると自分のしたいことができないと思い、私は下の娘が大学生になった時に卒母しました。2人の娘は好きな学校に行き、好きな仕事にスムーズに就き、親の力は何にもいらず全部自分たちでやっていきました。

今まで迷惑を掛けられることもなく何とかやってきました。放任主義でしたが、悪い方に走らずまじめにやってくれました。それからは夫婦2人の楽しい旅行が始まりました。

子供に手が掛からなくなってくると次は病気で足が悪くなった主人に手がいるようになりました。今まで家族のために無理難題、わがまま一つ言わず黙々とまじめに働いてきたのに可哀想でなりません。遠慮して「迷惑をかけるから、もう行かない」と言っていますが、「夫婦なんだからそんなことを絶対に言わないで行こうね」と言っております。今は私の支えで歩いていますが、なかなか思うように歩けなくて本人は、はがゆい気持ちでいるでしょう。

今までの恩返しに死ぬまで手を取り夫唱婦随でやっていきたいと思います。これからは主人の大きい懐に就職して残りの人生を全うしていきます。

お預け状態なんて嫌

（千葉県船橋市、主婦、匿名希望、46歳）

「こころ、家にあらず」。私の心は家庭にはない。私の心は家族にはない。いつ卒母するのかは、したくなった時で良いと思う。母親卒業を決めた西原理恵子さんは、子が16歳になるまで頑張ったのだから、殊勝だと思う。

子が成長するのは遅い。時間がかかる。そんなに長い間、やりたいことを我慢する「お預け状態」が続くなんて嫌だ。

この春、子がそれぞれ小中学校に入学し、私は卒母モードに入った。習い事に喜々として取り組み、友達以上恋人未満のボーイフレンド（独身・既婚問わず）は数人いる。複数のボーイフレンドがいれば、一人にのめり込むことはなさそう。もはや夫には全く興味はない。

「あなた自身も大切。それもありながら、母であってもいい」「女性だから、子供がいるからと、やりたいことを諦めたり後回しにしたりするのはやめよう」という言葉にひかれる。これまでは「こうするべき」「こうあるべき」と世間体や体裁に自分をがんじがらめにしてきた感がある。その結果、生きている実感が持てなくなってきた。やりたいこと、好きなことをしてこそ、生きている実感が持てると思う。

子にとっても、母親が関心とエネルギーの全てを注いできたら重たく、過干渉になって良くない面があるだろう。実際、中1の娘と関わっていると、意見の不一致から衝突、険悪になり、疲れることがある。子供にとっても、親が少々よそを向いているくらいの方が良さそうだ。もっとも、私の場合は〝少々〟の程度ではないかもしれないが。

私の心は家庭にはなく、家族にもない。日常の果たすべき役割をしながら、私の心は好きなことと好きな人にある。

息子の返品お断り（奈良県奈良市、主婦、ゆみ猫、62歳）

たいした反抗期もなく高校、大学、就職としっかり進路を決め、努力の跡も見せずにさりげなく自分たちの最良の道を歩み出した2人の息子（34歳と28歳）。私はご飯を作るだけの母でしたが、余計な口出しや邪魔はしなかったつもり。

すごく子供好きなわけじゃなかったけど、さすがに我が子は可愛かった。でも半分は「神様から預かった」という責任感で育ててきた気がします。目はかけても手はあまりかけず……それって楽をしすぎたかも。

1人暮らしをした頃には卒母してたのでしょうが、2人とも結婚した今はしっかり嫁にバトンタッチ。何を食べているか、どんな暮らしぶりか、ほとんど関心ありません。

留守宅をのぞく姑とかドラマに出てきますが、とんでもない。お嫁さんには「返品お断り」と言っておきたい、老々と向き合う日々の始まった母の願いです。

子供を生きがいにしない

(東京都世田谷区、主婦、ゆきこ、55歳)

まさにこの春、卒母しました。だんご３兄弟の三男が高校を卒業して就職し、学生がいなくなりました。

三度の飯も人三倍大好きな私が、それより大好きな野球。三男の高校野球の土日の練習試合にも毎週のように通っていました。周りからは子供が引退したら私が抜け殻になるのではとの声も。でも知っているママ友もいましたよ、そんなことないと。

昨年までは関東でのタイガースの試合へ３連戦のうち１日行っていたのが、今年は２日。夕食も１人で食べる機会が多くなったので、それならと夜間に開催の講演会や集会にもより多く通うように。ちなみに今年５月までに参加した講演会等は23回。今、一番力を入れているのは沖縄問題です。

子供が小さい時から子供を生きがいにしないよう心掛けてきました。だって、じゃないと子供が自立する時、自分に何もなくなってしまいますから。

三男から「余生を謳歌している」と言われて、それを否定できない私です。

何でこんなにドキドキ

（神奈川県相模原市、パート、溝呂木さとみ、58歳）

ある日、顔が腫れ、目の下を数針縫った写真付きメールが突然送られてきてギョッとする。社会人になった息子からだった。自転車通勤時に車と接触して転倒。腫れが引くまで仕事ができないという。以前は進学で1人暮らしを始めた息子のところへ遊びに行っていた私。社会人になってからは控えていたが、もうダメだ。「大丈夫だよ、お母ちゃん。同期の人がいろいろ助けてくれる」と言うものの、心配してカフェで待ち合わせ。同期の人も一緒という。アレ⁉その人は女性だった。

息子の初めての彼女に会うのに何でこんなにドキドキするんだろう。夫との初デートと同じレベル。いや、それ以上か。初めて見る息子の柔らかな表情。半分腫れていたせいかもしれないが……。帰りの電車に揺られ、膝の上のバッグが軽く感じられた。

そろそろ未来の相手に
なんかもー
ここらでいーやー
あとのことは
知らねーやー
スト

中退させられた気分

（岐阜県中津川市、主婦、りり、59歳）

母親というものは一生ものだと思っていたので、卒母という言葉は新鮮でした。

自分の卒母はいつだったのかと考えてみました。子供たちは「早く卒業してくれよ！」とサインを出していたかもしれませんが、それに気付かなかった私は「中退」させられた気分になって、焦っていらぬ世話をやいてたんでしょうね。

子供たちが家を出ていってからは、収まりの悪い浮草のような日々を送っていましたが、中退ではなく卒業したんだと考えていこうと思います。

そうすれば、同じ寂しさでも、まだ未来があるような気がしますから。

30歳までろくに働かなかった息子、画家になりたいって言うから美大にまで行かせたのに、和彫りの刺青師の道を選んだ娘。

さんざん神経をすり減らしてきたのだから、中退なんてさせられてはたまりません！　こちらから卒業させてもらいます。

強制終了

（兵庫県神戸市、メーカー事務職、生きてるだけで儲けもんと思いたいが欲が出る主婦、56歳）

「私は、結婚しても行きたいところに行くし、やりたいことをする」と相方に釘をさして結婚した。それでも子供を授かってからは当然思いどおりにいかず、いつでも旅立てるようにとパスポートに子供の写真を入れて、同伴で行けるように用意していたにもかかわらず、使わずに失効させてしまったこともある。自分なりに子育ても仕事も頑張ったつもりだけど、子供たちにとっては欠点だらけの母親だったろう。ごめんな〜、反面教師にしてくれればいいよ。

育った娘は思ったより早くパートナーを見つけて、さっさと家を出て行った。息子も遠回りしたあげく、この春から職場近くで１人暮らしをすると出て行った。まさに強制終了「卒母」。

女の子と男の子だから、子供部屋も一部屋ずついる、と買った４ＬＤＫのマンションに、単身赴任の夫は週末にしか帰ってこない。今や、ほぼ「おひとり様」で過ごしている。

つくづく、暇でなくて良かった。仕事があり、実母の介護に追われ、貴重な週末の習い事、山歩き、友人とのおしゃべり、夫との外出と忙しい日々を送っている。

母であるのは、私の一部だけれども、とても大切な一部分だ。卒母したこれからも。

ママ友と楽しい時間を

（三重県名張市、看護師、石丸こずえ、47歳）

30歳で離婚してシングルマザー歴17年。長女は看護大学3年生、次女も同じ看護大学に今年入学しました。実は私も41歳で看護専門学校に入学し、4年目の新米ナースなんです。「看護師になりなさい」と言った覚えはないですが、娘たちなりに魅力を感じて同じ道を進む同志になりました。今は実習のつらさや勉強の難しさを同じ目線で話すのがとても楽しいです。

子供の負担にならないよう遅咲きで手に職をつけた私ですが、娘たちが彼氏を作って楽しそうにしている姿を見ると西原理恵子さんの卒母が身にしみます。同じように子供が自分の世界を持ち始めたママ友と「卒母部」を作り、子離れに不安を持つママ友も巻き込んで楽しい時間を共有したいと思っています。

次女に「卒母部って何するん？」と聞かれ「遊ぶねん」と答えて笑われましたが、母になる前に（気持ちだけは）戻って人生を楽しみたいと思います。

野良母
グレ母
ヤメ母
もういろいろ
ぶん投げて
遊びましょう

戻れるなら抱きしめたい

（高知県南国市、パート主婦、桃っこ、39歳）

もうすぐ卒母。線が見えるとしたら――。

高校2年の息子は線をひらりとまたぎ、こっちも見ずに走っている。中学2年の不登校娘は線を越えたものの、こっちを見て不安そう。小学6年の娘はまだ線のこっち側にいて、私の手を振りほどいている。

私の手を取り合っていたあの頃に戻って、3人一緒にギューッと抱きしめたい。

ごめんね、お姉ちゃん

（奈良県奈良市、大学生、白波瀬なつ、不詳）

学生生活を終えてから、ずっと働いてきた。当時「共稼ぎです」と言ったら、意識の高い先輩女性から「『共働き』と言わないと」と注意を受けるほど、「共働き」という言葉がメジャーではない時代であった。

2人の子供たちは当然のように保育園へ。1歳10カ月でお姉ちゃんになった娘は、自分もまだ赤ちゃんしたいのに弟の世話をよくやいてくれた。忙しい朝のお着換えを手伝ったり、朝ご飯を食べさせたり。そして、ママのお膝の上はいつも弟が占拠し、弟が歩けるようになるとママの両手は弟とお仕事の荷物に占拠された。

保育園がお休みでお仕事が休めない日には、お姉ちゃんは弟と手をつなぎ健気におばあちゃんの家へ向かった、何度も振り返りながら。近所のママから「こんな可愛い小さい子を置いて、よく仕事に行けるなぁ」と言われたことが忘れられない。

ごめんね、お姉ちゃん。いっぱい、いっぱい抱っこして、手をつないであげれば良かったね。

そんな娘は1年半前に結婚し、この限りにおいて卒母した。まだ独身の弟がいるけれど。

なんて嫌な女なんだろう（埼玉県秩父市、洋服屋、高橋ともこ、53歳）

卒母かぁ……。私も子供たちの修学終了をもって、母親の呪縛を放り投げました。私の子育ては、子供たちには迷惑だっただろうな。でも、戦いなのです。一度でも負けたらその後はナメられる。だから絶対に負けられません。

「親の保護下にいるうちは親が法律、自由になりたければ自立せよ」の持論でわがままを封じ、「ここは折れるべきか」と悩むも「何かあった時に自分を責めるのが嫌だから却下」と、民主主義とは程遠い子育てでした。

全員が成人した今、責任のない母になった。私は私個人の人生を生きる。だらしなくても評価に値しなくてもいい。私は自由だ。孫もいるけどそれは娘夫婦の子供、夫婦で育てればいい。その過程が父や母や夫婦になるのに不可欠だから、邪魔をしてはいけない。子供も孫も可愛いけれど、お金や時間を費やす気は全くない。

幼稚園とか学校とか、初めての社会生活を送るにあたって、「子供に友達がいっぱいできて、楽しく過ごせるといいな」と念じたのと同様、子供も親の人生謳歌を願っていると思うのです。

お互い案じるのは健康だけ。あとは全てが学習、貧乏も大事な勉強です。

気の合う友達とおいしいものを食べ、行きたい所へ行き、見たい景色に身をゆだね、思う意見を口にしてみる。自己嫌悪にもたっぷり浸る……なんていうと、私ってなんて嫌な女なんだろう、と、自分の本性をよく見てみると愉快だ。ママ友達の手前、いい人ぶって生きていたのが滑稽だ。

よく頑張ったよね。でももうやめる。昔置いてきたわがままで自尊心が強くて、意地の悪い自分に戻るんだ。

本を読んで独り言を言うとか、空想の世界で爆笑したりとか、ふらつく程おなかをすかせてみたりとか、掃除なんか嫌いだからやらないとか、母親じゃないただの私を楽しむんだ。大切な子供たちは、今や理不尽な何かを言っても呆れて去ることがない親友ってとこかな。厳しく欠点を指摘されるけど、私、あの人たちが大好きなんだなぁ。

俺を解放してくれないか

（宮城県登米市、主婦、中津川良子、72歳）

30年前になります。長男を関西の大学に送り、初めて子と離れ涙をぬぐう日が続きましたが、そのうちに「毎日はがき」を思いつきました。当時、売り出されていた広告入りの安いはがきをひと月分まとめ買いし、宛名をガリ版印刷し、さらに通し番号を記入しました。日々の出来事を知らせたり、母の思いをつづったり、「桜が咲きました」と押し花を貼ったり、「初雪が降りました」と白紙に黒ペンで愛犬の足跡を入れたりと、就寝前の原稿作りも、早朝のポスト通いも日課に組み込み、満足感に浸っていました。

はがき番号が723番だったと思います。夏のある晩、息子から電話が来ました。「お母さん、もう俺を解放してくれないか」と。そうだったのです。母の自己満足は長男にとって大きなしがらみでしかなかったのです。私の卒母体験です。

スルーされて……（静岡県沼津市、主婦、田代みなみ、73歳）

恥ずかしい話、私はつい最近まで子離れできない本当に未熟な母親でした。50歳になる娘、45歳になる息子。各々家庭を持ち、子供もいて落ち着いた生活を営んでいるのに変な心配や世話ばかりやくので疎ましがられるようになってきた。

2人の年齢を考えれば73歳の私の世話やきと小言は迷惑でこそあれ、それほど役立つありがたいものではないことがやっとわかった。

というのは、私の提案やアドバイスを2人がいつもスルーしていることに気付いたのだ。結局、私のアドバイスは2人にとって口うるさい小言であって、役立つことではなかった。時代の流れや環境の変化に応じない私の古い考えやアドバイスは、迷惑である場合も少なくなかったようだ。一応母親の存在を考慮して、黙って聞くふりをしていたようだった。

最近、私はそれを肌で感じ卒母を決意した。これからは相談されたり意見を求められたりした時に母親としての考えを述べることにし、不必要な干渉や押し付けはやめたいと思います。

涙の長女「断捨離」

（大阪府藤井寺市、年金生活者、西田尚平、65歳）

お盆に長女が1歳の孫を連れて久しぶりに帰省した。ほぼ1年前の私たちの卒母卒父を思い出した。長女は初出産後、我が家に滞在し、かなりのわがままぶりを発揮。ついに私が「気に入らないのなら帰りなさい」と言うと、その晩すぐに荷物をまとめ、翌日、あっさりと自分の家へ帰った。「お世話になりました」と簡単な書き置きを残して。

さあ大変。家内は永遠の別れのごとく涙を流し、私はまずいと思った。結局、私たち夫婦は「これは長女の自主・自立だ。したいようにすればいい。考え方は違う」と前向きに考えるようにした。悲し涙はうれし涙に変えよう。

今私たちは、長女の過分な要望は断り、長女への濃厚な期待・依存を捨て、少し離れて長女を見ることにしている。これは心情面での「断捨離」（卒母卒父）ではないかと思う。それにしても、卒母卒父には悲し涙、うれし涙はつきものです。

嬉し涙と
悲し涙は
同じもので
できてるん
ですねえ
憎し涙
すごいっすよ
マイナスパワー マジ
ぶつけますから
好きなときに好きなもん
好きなだけ食って
太〜ねえ
とか
マジ
腹立って
ずぞー

日本の資源は「人」だから

（大阪府箕面市、大学教員、待兼山、62歳）

大学教授をしています。西原さんの漫画『毎日かあさん』を通じて学生を見る目が変わりました。学生たち全員が、母親のとてつもない苦労を経て大学に来ているのだと思うようになりました。毎日の家事や勉強のサポート、そして反抗期。時間と労力を費やし育てた子供たちが目の前に座っている。そう考えると学生がこの上なく大切なものに見えてきます。

資源も何もない日本が将来生き残っていく道は、人材育成しかありません。その根幹にあるのが子育て、つまり母親の日々の苦労であると実感しています。毎年3月に学生を卒業させる度に、大切な預かりものを無事に社会に出すことができたと安堵《あんど》感に浸ります。

同窓会などで昔親しかった同級生の女性が何人も子供を育て、今はおばあちゃんとして多くの孫の世話をしているような話を聞くにつけ、限りない尊敬の気持ちを、いや畏怖の念すら覚えます。私には子供がおらず、子育ての経験がないからです。大学教授をしていると「あんた偉いわね」と言われますが「いや、あんたの方がずっと偉い！」。卒母された母親の皆さんに最大級の敬意を表します。私も〝卒父〟の経験をしたかったなぁ。

遅まきながら、伝えたい

（神奈川県横浜市、主婦、堤桂子、72歳）

「来月からシンガポールに決まった」と娘。離婚して17年。１歳だった孫が今春大学生になったのを機に、以前から希望していた海外勤務が始まった。私たち夫婦と同居の孫はしっかり者だから、親が不在でも何とかやっていけるだろう。

娘の２歳上に学習障がいの息子がいて、子育ての大半は彼に向けられていた。その彼が43歳で急死して３年。ようやく落ち着いて気が付いたのは、娘をしっかりと抱きしめてこなかったこと。彼女は「お母さんが大変なのは分かっていたから」と優しいが、子供心にどんなに寂しかったか。今さら膝に乗せたところでどうにかなるわけもなく、取り返しの付かない時間を悔やみ続ける。

業務連絡のような、娘とのメール。遅まきながら、ひと言加えてみようかしら。「〇〇ちゃん、大好きです」

息子の帰省にちょっと憂鬱

（熊本県宇城市、介護支援専門員、有田洋子、55歳）

　私には息子が2人います。次男が社会人となり、長男に続き家を出て4年になります。もうすっかり卒母の気分でホッとしているのですが、帰省するとなるとうれしい半面ちょっと憂鬱です。

　帰る数日前から大掃除をし、押し入れから布団を出し、乾燥機にかけ、清潔なシーツを準備し、食事にも気を使います。久しぶりに帰ってくるので、「おいしいものを」と高級食材、高級調味料を買い求め、調理します。普段は夫と2人なので、適当に食べているのですが……。それなのに息子たちは友人との面会に忙しく、家にいることはほとんどありません。帰りも手土産には何がいいかと気を使います。年をとると、体力、気力も衰えてきて疲れも出ます。

　何よりも嫌なのが、帰る息子たちを見送る時。改めて喪失感を感じてしまうからです。お盆に駅のホームで遠ざかっていく息子を見た時、私の息子であっても遠い存在なんだと思い、涙が出てきました。去年までは「行ってきます」と言って帰ったのですが、その言葉もありません。ふるさともだんだん遠い存在になってきているのでしょうか。

コラムニストの
神足裕司(コータリン)の
息子の祐太郎君は
小さな頃から知っていて
かわいい子で
大きくなっても
かわいいまんま
今日突然
コータリンそっくりの
おっさんに――
そうです、私の目が
覚める時期がやって
来ただけなんです
おねーちゃん
どーもー

まだ「楽しかった」とは思えない

（千葉県柏市、主婦、エキセントリックA子、49歳）

2つ違いの長男、長女の就職が完了し、卒母となりました。子育てを終えて長い間の責任感という肩の荷が下り、本当にほっとしました。

知らない土地での初めての子育て。

育児書どおりに眠ってくれない長男、睡眠不足でイライラすることも。その日その日をこなすことに精一杯で、可愛い子供たちの伸びやかさを奪ってしまったかもしれません。ちゃんと育てなきゃという思いのあまり、西原さんのように子育てを「楽しかった」とまだなかなか思えません。でも子供たちのおかげでママ友を得ることができたし、自分とは違う2人の人生や体験を見せてもらえたのはラッキーでした。

やっと自分のために時間を使えるようになり、「早く帰らなきゃ」「ご飯作らなきゃ」の呪縛から解放されつつあります。

和解はない

（東京都板橋区、サービス業、匿名希望、49歳）

ウチは4月から大学進学のために家を出た娘と高2の息子がいる。娘は模試の結果がずっと厳しかったけど、「どうしてもここへ行きたい」と言って、なりふり構わず頑張って、自分の力で合格をつかんで意気揚々と出て行った。

息子は娘の2つ下だけど精神年齢はずっと上。親の粗が目について、嫌悪している。だから、明けても暮れても何かしら衝突がある。一見、反抗期のように見えるけど、実質反抗期ではないので、この先も和解はないと諦めている。

でも、ふと気付いたんです。この子、朝、ちゃんと起きてくるなって。学校の時も、朝練の時も、遠征でちょっと早い時も、始発で遊びに出かける時も、バイトの早番の時も。自分で起きて勝手に支度して出て行く。

その時、私、これで十分じゃない、親としてこの子に教えないといけないことは全部教えたじゃないと思ったんですよ。そしたら、一気に気が楽になって、これにて終了という気分。それが私の卒母です。

いたしません宣言

（東京都中野区、翻訳家、えみりん★ごんざれす、不詳）

今、娘は18歳。彼女が4歳の時に私は離婚した。それから、いや、その前から私は1人で子育てをしてきた。仕事と保育園、学童の送迎に奔走し、世の中の夫婦が分担して行う家事の全てを自分だけの力で頑張ってきた感がある。

離婚した時、私はかなり強気のイケイケで、自分が近い将来、弱るとは思ってもみなかった。例えば、玄関の天井の蛍光灯が切れた時、カバーを外すのはいいがはめることができない。椅子に上り、両手で丸いカバーを支えて両手がプルプルしても誰も助けてくれない。その時、後悔しても遅かった。涙が出た。

この春、娘の高校卒業を前に、私は「いたしません」宣言をした。家事をいたしません！ご飯を作りません！　お弁当を作りません！　肩の荷が下りてスッキリした。そう、それが私の卒母だったのだ！

それから半年。私が外で飲む日や娘との外食の回数が増え、デパ地下のお総菜が夕食に並ぶ日も増えた。でも娘の「やっぱりカーチャンの作ってくれるご飯が一番おいしい、だからうち

で ご飯食べる」の一言に弱い。結構家事もやっている。要は自由を手にしつつ手抜きになっただけで完全に卒母したと言うには甘いのだ。

卒母というからには恋愛もし、旅行でもして、もうフタハナぐらい咲かせてから人生終わりたいものである。

「卒母宣言」書いてみた

（島根県出雲市、嘱託社員、チョコミント、47歳）

更年期なのか、近頃は体調の良くない日が続いている。そんな時、ふとしたきっかけで卒母という言葉を知った。何かが心の中でストンと落ちた。

思いつくままに私の「卒母宣言書」を書いてみた。書きながら、「私、母親業を頑張ってきたんだな」と思い涙が出た。

私の生活は、子供のスポ少（スポーツ少年団）と部活が大半を占めていた。仕事をしながら試合の送迎や保護者会の役員をするのは大変だったが、今思えば充実していたし、いつも子供と一緒だったから楽しかった。

この春、娘が大学進学のために家を出た。サークルとバイトに忙しく、充実しているようだ。高校生の息子も友達といる時間が多くなった。子供に手がかからなくなった分、自分の時間を持てるようになり、新しいことを始めてみたものの、言いようのない喪失感があった。

卒母宣言を書いたことで、気持ちがスッキリした。子供たちからは、たくさんの喜びと経験をさせてもらった。これからは「誰々ちゃんの母親」ではなく、私の人生を楽しもうと思う。

自己責任

（岩手県花巻市、主婦、こでまり、53歳）

卒母ね、うちは子供が２人独立して、家を出て、働き、それぞれの生活を楽しんでいます。自己責任です。

私の役目は、悩み事があったら聞いて、解決できず、「ま、そのうち何とかなるでしょ」たまに帰ってきたら、好きなことをさせて、快く送り出す。そのくりかえし。それぞれの生活を尊重して、仲良くもなく、悪くもなくというところで。

生きてりゃどうにか

（熊本県合志市、自営業、黒川真理、58歳）

3人の子供と自分の仕事で、子育て中はフル回転。3人目を県外の大学に送り込み、空港で見送った後、バンザイして解放感に包まれました。

数年後、家族で現地集合のタイ旅行。ケンカあり笑いありのドタバタでしたが、我が家らしいと笑い飛ばし、涙はなし。でも帰りに東京で息子と別れた時、人混みに消えていくさまに不覚にも涙が。頼りない若鳥がバタバタと森へ飛んでいくようで、「生きとけ!!」と祈りました。

子育てが終わって実感したことは「生きてりゃどうにかなる」。仕事が忙しくマック（マクドナルド）の夕食だった夜、お弁当屋のから揚げ弁当を食べさせた夜。夜中に「こんなんでいいのか」と涙しました。今、子供たちが「マックやから揚げ弁当の時は、めっちゃうれしかった」と話しているのを聞いて、「そんなもんなんだ」と反省し涙していた頃の自分に教えてあげたいと思いました。

こんなに短く
笑いで
まとめて
あるのに
皆さんの
人生が
泣けて泣けて、
よその
しあわせが
うれしくて
泣ける
パーマあてた
↑年とって
おばさんになって
良かったなあて
思うとこ

涙が止まらない

（静岡県浜松市、公務員、泣き虫かあさん、48歳）

大学進学で1人暮らしを始める息子の引っ越しが終わり、息子を置いて帰る時。涙が止まりません。車の窓を開け、手を伸ばしたら息子も手を伸ばしてくれました。その手は柔らかく温かかった。大きくなってから見たことない泣きそうな顔。私が心配で仕方ないんだと思いました。

その日から1カ月くらい毎晩泣いていました。息子も友達ができるまでは寂しくて「スーパーのお総菜食べたくない。ママのおにぎりを食べたい」といろいろなことを考えていたそうです。「友達ができたら、私のことなんか忘れちゃうよ」「そんなことないよ」。見事に忘れましたけど（笑）。それが正常です。今では困った時しかLINEが来ません（しかも全て5文字以内）。私の誕生日も母の日も忘れています。でも私を気遣うメッセージが送られてきたりします。今でもあの別れの時を思い出すと涙が出ますが、あれが私の卒母でした。

目指せ「かっこいい大人」

（埼玉県さいたま市、ロシアンブルー、53歳）

子供が社会人になったので、母親としての役割は卒業したのかもしれませんが、「大人の知恵」を借りに来た子供に、気の利いたアドバイスができる大人であり続けたいと思います。それにはトレンドを意識しつつ、流行に流されない、自分の尺度を持っていたい。そして「これだけは子供には負けない」という特技や知識を身につけるため、春から仕事の傍らスクールに通っています。

母親を卒業し、自分の子供だけでなく他の若者からも「かっこいい」と思ってもらえる大人を目指したいと思います。

50歳になったから

（東京都中野区、会社員、西村由美、50歳）

妊娠がわかってから、自分より大切な存在があることを初めて知りました。この世にこんなに大切な存在があるなら、守らなくてはと心に決めたの。

生まれてからは、その可愛らしさに感激して、ずっと赤ちゃんのままでいて欲しいと思った。それでも日々成長する息子を見ながら……「息子の将来の幸せのために今私がしてあげられることは何なのか？」、そればかりを考えてた。

健康のため、栄養バランスと睡眠時間を確保すること。身長を最大限伸ばしてあげたいと真剣に考えた。両親が不仲だと睡眠に影響すると本で読んでは円満なふりをしたり……。

25歳の時に産んだ息子が25歳。私も50歳になり、きりがいいところで卒親しようと思います。

壁にぶち当たった時、相談には乗るけど、最終的には全て自分で選択すること!!

人生が終わる時、後悔しないように精一杯生きてね!!

母からは以上!!

卒母のススメ

第二章

卒母って必要？

卒業してもいいんだ

（栃木県佐野市、嘱託給食調理員、本島由美子、47歳）

卒母という言葉を聞いて、「ああ、卒業してもいいんだ」と思いました。すっと力が抜けたような気もしました。子供が産まれた日から母になり、ずっと休まず母ですからね。

個人的には、18歳で卒母かなと思いました。我が家はあと6年です。うれしいような寂しいような……。

今、我が家の男子2人は、思春期の入り口にいる。まだまだ子供だと思う日もあれば、急に大人びたり、声が変わってきたり、これから反抗期がくるのかと心配になったりしていました。でも卒母まであと6年と思った瞬間「待ってるぜ！　反抗期！」「ドンとこい！」みたいな気持ちに変わりました。今までの育児に比べたら、卒母までの日の方が短く、先が見えたように思いました。

卒母した後には、何をしたいのか？　母でなくなった私は、どう過ごしたいのか？　夢を考える時間ができました。楽しい時間です。

卒母ススメない

（山口県下関市、パート、匿名希望、53歳）

無理に卒業する必要ないんじゃないかな？

私の母は私に対して過酷であった。「女のくせに」とかの言葉の暴力や、家事をしてもアラ探しのネチネチは当たり前。封を切らずに給料袋を渡しても「おまえの稼ぎがどれほどのものか！　思い上がるな」。高校は奨学金と授業料免除で行っていたが、知らぬうちに奨学金を使われていたこともあった。

だから我が子には親が私にしたことをせず、親がしなかった、してくれなかったことをしてきた。我が子を甘やかして抱きしめる時、私のインナーチャイルドも一緒に抱きしめた。それでも穴はふさがらない。

ただ一つ不安なのは、自分の気付かぬうちに親が私にしたと同じことを我が子にしてなかったか。それが気になっている。だが、怖くて聞けないまま。今我が子は親元を離れて独り立ちしているが、いつ帰ってきても優しく迎えてやる母親でいてやりたい。

子離れはできるけれど

（岐阜県安八郡、鈴なりびわ、51歳）

60歳過ぎのじいが神棚のさかきの水替えで椅子に乗ったところ、その母の80代半ばの祖母が「下りんさい。危ないでわしがやる」と言って周囲が慌てて止めた。じいが入院中に自分も病でふせっていたが「わしは元気やで。あの子の看病に行け」と。じいが先に亡くなり、認知症が進んでいた祖母に最愛の息子の死を告げずに済んだのが不幸中の幸いだった。

世の中には、交通事故の後遺症で言語での意思疎通が困難な寝たきりの息子や娘を20年近く自宅で介護する母もいる。そんな生き方もあり。子を産んで母となったからには「子離れ」はあっても卒業はできないような、そんな思いがある。

あんたらねえ
見ておれん
わかっちょうかね
52歳娘
17歳孫娘を
教育する
84歳婆
卒婆なし

結婚しない人が増えている原因

（福岡県京都郡、会社員、匿名希望、53歳）

卒母、必要だと思います。今、結婚しない、したくない男女が増えているのは、実家の居心地がいいから、出て行く必要がないからだと思うからです。

私は男の子2人の母でした。男の子だからかもしれませんが、今流行の「友達ママ」になりたいとは思いませんでした。私自身の親がそうだったからかもしれませんが……。

私は産んだ以上は育てるのが当たり前と思って育てました。親の義務として学生の間は養うのが当たり前。長男は高校を卒業して県外に就職。寮に入ったのでスムーズに卒母できたと思います。

問題は次男……。県外での就職を勧めたのですが地元に就職。家から通勤しています。

私は社会人になったのだから同居人扱いをしたいのですが、次男はそうは思ってくれず何度も私はキレました。今は同居人らしくなり、卒母できたと思います。

卒業認定するのは子供では?・（茨城県龍ケ崎市、主婦、飛田玲子、54歳）

中学生と小学生の子供に卒母を突きつける投稿（Ｐ28）を読んで、とてもモヤモヤしてしまいました。卒母とは、子供たちが母の庇護《ひご》を必要としなくなった事実を受け止めるものと私は思っています。卒業認定をするのは子供たちなのではないでしょうか？

「もう私は自分の人生は自分で決める。お母さんは黙って見ていて」。そう言われた時が卒業認定。そして子供たちの選択が（気に入らないかもしれないけど）間違ったものではないと思えた時が卒母完了。子供たちの気持ちも確認しないで勝手に卒母宣言しても、それは「中退母」でしかないと思うのです。

何より卒母は子供たちと自分が作る新しい幸せな関係を目指すことであって、自分を優先させて子供たちを見捨てることではないと思うのですが。

わざわざ言葉にしなくても

（千葉県市原市、派遣・パート、いぷこ、47歳）

卒母という言葉が、あまりに流行りすぎないようにと思います。「婚活」や「妊活」みたいに、言葉に振り回される人がでないように。

そもそも、わざわざ言葉に出さなくても自然にそうなっていくものだと思っている。我が家の子供たちも、中高生になると自然と友達と一緒に、また1人で行動するようになったので、勝手に親の手を離れていってしまう。まぁ未成年なのでまだ手綱は握っているつもりですが。

オムツのお世話からご飯、その他のことが、だんだん手がかからなくなる。自分でできるようになっていく。それは、幼児の頃、どの親も望んでいたことではないでしょうか。そうして、だんだんと親から離れて自立していくもの。とはいえ、母であることは、一生くっついてくるのだろうなと思う。

一つだけ、うちの高校生男子については、「耳掃除してー」と言わなくなったら「卒母認定」しようと思っています（そろそろ自分でやってほしい。お金とるぞー）。

ギアチェンジ

（福岡県福岡市、生活支援員、ミヒ子さん、50歳）

卒母、なんてステキなお言葉なのでしょう。私は卒母に大賛成！　2人の子供たち（娘）にとって早くから私はお母さんじゃなくてもいいよなって思ってました。ちょうどかぶれて読んでいた育児本に9歳までと10歳からはギアチェンジが必要とあり、コレだ！と私もギアを変えました。お母さんじゃなくてイイやん、と。

思い描いていた母親像に近づきたくて頑張っていた自分もいたけど、これからはオトモダチね、と思って接するようになってからは気分が楽になりました。経済的な面ではまだまだ支えていますが、いい関係で過ごせていると思います。そのうち、私がコドモになっていくのだろうなあと思う今日この頃……。あれ？　卒母とは違ってた？

次女は障がいがあります。これからもオトモダチは頼りなく娘たちと過ごしていきます。

「マザコン」にはさせない

(愛媛県四国中央市、主婦、乙女うさぎ、53歳)

冬彦さんにしちゃいけない。今から25年前、一大センセーションを巻き起こしたあのドラマ。多くのメディアが「マザコン」とは何たるかをこぞって放送していた。当時息子は4歳。強烈なドラマがきっかけで、私は子離れを常に意識して子育てすることとなった。動物は子にエサの取り方を教え、一人で生きていけるようにする。食っていける力、生きていける力をつけてやればいいのだと思った。それがゴール。つまり卒母。母であることは一生だけど「育て」は卒業していい。あとは自分で育っていくはずだから。

大学で息子は1人暮らし。最初はサポートセンターのように電話があったけど、次第にGoogleに頼りながら自分で解決するようになったようだ。プレ卒母の私は心配したが、ちゃんと食っていたし、バイトで貯金もしていた。そして卒業、無事就職。晴れての卒母。何とすがすがしいことよ！　寂しいよりも、冬彦さんにしなかった安堵。これに限るよ。ビバ卒母!!

卒業してください！

（京都府京都市、会社員、悩める子、29歳）

引っ越しの日程を伝えたら、当然のように母は「その日空けとかないと」ちょっと待って、何で手伝うこと前提なの？　父は「大変な作業だから、昔から家族友人総出でやるのが当然でうんぬん」。９畳１K１人暮らし。この分量なら１人でいけると踏んでいるから。大変だと思ったらこちらから頼むから。

会話の後、徒労感でいっぱいになった。無力・無能扱いされているように感じる。実際に何もできないかもしれないけれど、手を出されると、さらにできなくなってしまう。自分がどの程度なのか見極めないといけないのに。できないならなおのこと「手伝って」「助けて」と依頼する能力を培わないといけないのに。その機会を失ってしまう。

だから頼みます。卒業してください。今からでも遅くないです。手始めに「ちゃん」付けと「パパ」「ママ」はやめてください。

できる人がうらやましい（東京都、主婦、匿名希望、49歳）

私は卒母できる方々がとってもうらやましいです。我が家の1人っ子は重度の知的障がいがあり、中学生になった今も読み書きもできず、身辺自立も幼稚園児以下のレベルです。私が死んだら我が子はどうなってしまうのだろう？　いつも不安でいっぱいで、子供が自立できる方々が本当に羨ましいです。

私は我が子が小さい頃から地域の方々に認知してもらいたいと思い、頑張って地域の保育園、学童を利用するため入所基準を満たせる時間を仕事してまいりました。でも、残業はできないので非正規雇用です。だから保育園は費用のかかる認可外でした。収入の半分は保育園代に消えました。地域の学童にこだわったのは、進学先に地域と少し離れた特別支援学校を選んだからです。定型発達児は3歳を過ぎるとぐっと育児が楽になるとよく聞きますが、その「ぐっと楽になる」がいまだ来ません。

子が1歳から10年間仕事をして、私は疲弊してうつを発症してしまいました。仕事は辞めましたが育児は終わりません。定型発達児の親御さんたちのように、お互いに子を預け合うということも私たち障がい児の親は一般にやりません。みんな自分の子を見るだけで精いっぱいですから。夢はいつか若い頃に行ったヨーロッパを旅行することですが、だんだん夢を見る気力もなくなってきました。

厳しい現実も歓迎ということで、こういう母も存在するということを知ってほしくて書きました。親亡き後も子が幸せに過ごせるように努力するためだけに自分の人生はあるのだとしか今は思えません。

肯定派に聞きたい

（京都府長岡京市、自営業、M・K、47歳）

卒母なんか不可能だと思います。

子のための家事をしない、経済的にも一切面倒をみない、というだけならできます。ですが、例えば成人したとしても、子が何か罪を犯した場合に「私は母親は卒業しましたから、あの子とは関係ありません」と世間に言えますか？　もちろん罪を犯した人間が責任を負うべきであり、肉親であろうと、当事者以外の誰かが不利益を被るのは理不尽ですし、許すべきことではありませんが。

人の子の親になると決めた時から、親という立場から退くことは、たとえ自分が死んだ後もできないと思います。

卒母した人、したい人、する予定の人に聞きたい。母親業を卒業した後で、子が何か良いことで名を成した時、あなたはどうしますか？　まさかのこのこ表舞台に出てこないでしょうね？

母に卒業なし

（東京都多摩市、主婦、あんこ、60歳）

卒母なんていう言葉を作ったのには驚きました。

女性は子供を産み育てながら、どんどん母親という生き物になっていきます。一度母親になると、いつも子供のことを第一に考えるのです。そしてもちろん、自立させることが目標ですが、自立したと思って喜んでいても、世の中にはいろいろな原因で母の元に戻ることがあるのです。その時、卒母なんていって、子供を放り出せるのでしょうか。

できないなら、卒母なんて言葉は使うべきではありません。

母親は息を引き取る直前まで子供のことを心配する生き物です。

卒母した「嫁」がほしかった

（福岡県太宰府市、主婦、血圧上昇の姑、70歳）

「夫が卒母（親離れ）できない」なんて聞いてイラッとしていたのは一昔前の話。今や、嫁ができない。女性が強くなって、どこの姑も一語一句の言葉に気を使って言いたいことも言えず我慢。嫁が強くなった分、嫁の母はもう〝母君〟である。

採れたての野菜を息子の家に持って行く。「今、母が来て、孫（4カ月）をお風呂に入れてくれています。夫は遅いし、自分では怖い」。別の日には「両親が来てます」。また別の日は、車がない。ああ実家か。親が来なければ実家に行く。毎日親と一緒に過ごしてるわけか。

実家が良い？　実家通い？　「何でもしてやりたい母」と「何でもしてもらいたい娘」、双方の思いが一致して三十路を越えてもべったりの母娘を作り出している。

ああもうイライラする。「親の最大の仕事は子供を自立させること」と読んだことがあるけどなあ。きっとこのまま変わらない。ならば自分が立ち入らないことが一番だと決心した。

自分のためですか？

（千葉県柏市、主婦、柴沼迪子、74歳）

卒母（卒親）って、動物が親離れをさせるような厳しさからですか？　それとも自分のためですか？

私の周りには卒母どころか、夫共々結婚した息子・娘家族に物や心の援助を惜しまない親がいくらでもいます。とうに親としてのつとめは終わっているはずですが、時を経ても別なかたちで子供への手助けは必要になるのです。

我が家も息子３人、皆家庭をもち父親になっていますが、これまで折々にできる援助をしてきました。私たちも親からそうしてもらってきたからです。甘いかもしれませんが、息子たちは甘えるのも親孝行だと思っているようです。

実際にいろんな意味で、子供が親を必要としなくなる頃、立場は逆転し、高齢になった親は子を頼るようになり、ついには子の重荷になる。それでも病と闘い、老い衰えていく姿を見せるのも親の最後の役目。これが人間ではありませんか？

しなくて良かった

（東京都世田谷区、食育アドバイザー、アンのママ、61歳）

昨年、私は娘に仕事を辞めて欲しいと頼んだ。7年あまり同じ職場であったが、本来の仕事以外にも自宅に事務的な仕事まで持ち帰り、休日返上で何人分もの仕事をこなしてきた。当然疲れ切って家族との会話も笑顔も減少した。

ある日娘の会社のオーナーが私に「お母さん、孫が欲しいですか？　結婚したら2年は使いものにならないから、欲しければ他の子に産んでもらいなさい」と言ったのでビックリした。孫どころか結婚も認めないってどういうこと？　このままでは娘の人生取り返しがつかなくなってしまう。

私が仕事を辞めて欲しいと言ったことに対して、オーナーは「30過ぎの娘の仕事に親が口出しするのは非常識だ」と言ったらしい。まじめな娘は「中途半端では申し訳ないから」と、年末まで仕事をして退社した。ゆっくり時間をかけて新しい仕事を探し、今では日々笑顔と会話を家族で持てるようになった。30過ぎの娘でも、私は卒母しないで良かったと思っている。

卒母やめました

（東京都町田市、学童保育所指導員、甲子園、54歳）


少し頼りないけどまじめで努力家の高１息子はもう大丈夫。育児はほぼ卒業しました。

でも、近頃の大変なニュースを見て卒母はやめました。次の世代の子供たちに、平和で美しい地球を残すための母としての役割を続けたい。

50過ぎてからめっきり体力低下の私ですが、平和を維持するため、地球の環境を保つため、自分にできる事を考えコツコツ取り組みたいです。

世界中の母と友達になって、子供たちの未来を明るくする相談がしたいです。

お互いのために

（兵庫県宝塚市、会社員、なおよん、50歳）

夫の度重なる消費者金融への借金が原因で離婚をしたのが、今から18年前。当時4歳の息子と1歳の娘を抱え、無我夢中で生きてきました。

昨年の春から娘は大学進学のために家を出て、地方で1人暮らしを始めました。私はというと、子供優先の生活だったのが、しばらくは「空の巣症候群」というのか、張り合いがなくぼーっと過ごしていました。1年以上たち、そんな生活にも慣れ、これからは自分の時間、友人関係を楽しもうと思っています。

18年間フルタイムで働きながらの、体力、気力をふりしぼった子育てでした。それぞれの反抗期（特に男の子の気持ちが理解できません）、それぞれの受験、息子の大学中退、娘の1人暮らし開始……いろいろありました。その娘は先日20歳の誕生日を迎え、一区切りついた感があります。息子もまだアルバイトではありますが好きな仕事に就き、以前と比べるとうそのように穏やかな日々です。

そんな折、西原さんの卒母宣言を知って、「そうか、私も卒母していいんだ」と、まさしく今の自分にぴったり合う言葉に出会いました。

卒母は聞き慣れない言葉ですが、決して母であることを放棄することではなく、子供たちへの愛情が変わるわけでもなく、ただ、今までのようにべったりではなく少し離れて見守る母親になる＝子離れすることだと思います。

シングル家庭だった我が家の場合、子供たちにとっても私自身にとっても、お互い一歩離れるということは大事だなと気づきました。家庭によって卒母にふさわしい時期は違うと思いますが、ぜひいつかは自分の中で、卒母という区切りをつけられることをお勧めします。

卒母は贅沢なこと

（京都府京都市、委託職員、辻博美、63歳）

感傷に浸る余裕もなく子育てが終わっていたような感覚の自分には、卒母という響きは眩しいです。

金銭的にも時間的にも余裕がなく、ただただ、仕事、子育て、家事と孤軍奮闘で忙殺される毎日。体がついてこないので、母親失格だと思いながら、3人の子供の寝顔に涙していました。だから、卒母なんて贅沢なこと。母親としていっぱい手をかけて育てたからそんな思いになれるんだと思う。卒業できるのだから。私は中退かな。自立してくれてほっとしたというのが正直な思いで、悲しいとか、寂しいとも思いませんでした。

昔は12歳で元服、数十年前までは、中学・高校卒業で親元を離れるのが当たり前、親も子も自然と巣立つものだと思っています。

ただ、「卒母しなくちゃ」と思えるほど母親業に没頭できて頑張れた人は、自分を褒めてあげて欲しいです。今後は、自分のためや社会のためにその力を方向転換すればいい。母をやりきれていない私からみると、それは羨ましいし憧れなのです。

母って卒業するもの?・（京都府京都市、会社員、内藤由香、46歳）

母って卒業するもんだろうか？　いつまで経っても子供から見れば母だとそれは一生変わらないと、漠然と考えてしまう。

西原さんの「卒母宣言」が出た時に、たまたま3人いる子供の一番下の子が「家を出たい」と寮付きの仕事に転職した。それはある日突然宣言され、数日後に見事に彼は家を飛び出していった。まるで鳥の雛が何の前触れもなく巣から飛び出していくような感覚だった。

最初に話を聞いてからじわじわと卒母ちっくな寂寥感が襲ってきたのは事実だけど、それから1カ月も経たないのにその寂しさなんてどこへ行ったやらというスッキリ感。

一番下の子が生まれて半年しないうちに前夫と離婚。仕事を転々として毎日暮らすのが必死だったのもはるか彼方。時間に流され、歳を重ねると忘れることが特技になっていく自分は母なのを忘れ、それが卒母なのかもしれない……。そんなことを考えていた今日、キャッシュカード1枚なくす有様。あーあ、もう人間すら卒業なのかしら。

高齢出産と卒母

（兵庫県加古川市、主婦、ほほのほ、42歳）

一昨年41歳で出産した私は、孫を思う婆さんのように子供を可愛がっている。以前テレビで、高齢出産した人が「他の人より子供のことをみてあげられる時間が短いので、早く自立できるようないろんな人との関わりを大切にしている」と話していた。その人の子供は中学生くらいから海外で1人暮らしをしていた。

私も子供の自立を考えて卒母を見据えないといけないのかもしれないが、「この可愛さは今だけよ」の言葉に納得し、今だけしか見ていないように思う。どっぷり子育てにつかっている私が卒母をするには、自分が外の世界に触れ、新しいことにチャレンジし、いろんな人と関わっていく気持ちを持つことがいいのだろう。そう思うと、やはり若いうちに母になっていた方が卒母もスムーズにいくのかなと思う。

自分のための時間を

（新潟県三条市、専業主婦、甘酒、49歳）

私の場合は「母親卒業」ではなく「子育て卒業」。1人息子が社会に出たのを機に「卒子育て」を宣言しました。

昨年春、特別支援学校高等部を卒業した息子には、生まれつき重度の障がいがあります。母親や周りの人の手を借りなくては生活できません。なので「卒子育て」といっても息子に食事をさせたりおむつを替えたりと世話の内容は変わりません。「育児」が「介護」に名を変えただけです。しかし、彼の世話をするだけの生活から、自分自身のための時間を持ってみようと俳句を始めました。日中はパン教室など習い事も。人生まだ半ば。次はホットヨガにも挑戦したいな。

いきなり卒業しなくていい

（北海道札幌市、主婦、對馬三枝子、62歳）

ずっと『毎日かあさん』のファンで、西原さんを大切なママ友のように思って来ました。その西原さんが卒母を宣言なさり、ドキッとしました。ちょうど私の1人息子も成人し、「子離れしなくては」と思い始めていた折でした。それで私も卒母に努めましたが、文字どおり「息子のために」生きてきた私にとっては、いきなりの卒母は衝撃が大きすぎました。そして、すっかり「空の巣症候群」となり、落ち込んでしまいました。しかし、飛田玲子さんの投稿（P67）で「卒母は、子供と自分が作る新しい幸せな関係を目指すこと」と読み、心が救われました。

「そうだ、いきなり卒業しなくていいのだ」「徐々に、穏やかに新しい大人同士のハッピーな関係に移行すれば良いのだ」と気づき、気持ちが楽になりました。西原さんは新パートナーを得て女性としての新生活をスタートさせたので卒母を明確に意識できたのでしょうが、フツーの母にはいきなりの卒母はやはりキツイです。

母が自由になれる社会を

（長野県中野市、無職、匿名希望、56歳）

卒母、うらやましい限りです。

子供が産まれ、予想もせぬ育児の大変さに「早く大きくなあれ」と毎日祈っていました。２人目なんてとんでもない。西原さん同様、目指すは17歳！ 17歳まであと何年何カ月……と毎日数えておりました。

ところが、まさにその直前の16歳の時に子供の２次障がいが発症したのです。子育てが激大変だったのは発達障がいだったからでした。

多くの精神障がい者の家族同様、怒濤の日々を送り心身ボロボロ……。障がい者認定されてからは支援もあり、年金もあるので生き延びていますが、今でも一番の頼りは医師であり、死ぬまで子育ては終わりません。

日本は母親に厳しい国です。私も子供の障がいがわかるまでは、母親失格なのかと悩み続けました。旧約聖書には、子育ては社会が担うものと書かれています。

母親という重責から、全ての母が自由になれる社会を望みます。

ゴールがあるから頑張れる

（滋賀県大津市、無職、やよけママ、56歳）

30歳から23歳の4人の子供の母親です。育児期間中はとても忙しく、「いつまで」とゴールを決めなくてはとてもやり通せなかったと思います。そのゴールが私の卒母です。それは、高校を卒業させるまででした。

私の母親業は25年9カ月、四半世紀を超えていました。末っ子のお産の時は小1の長男が夏休みで、彼の手を引いて入院しました。小学校の授業参観は、多い時には3人の子供の教室を回りました。夫は育児のあてにできず、私は家事・育児・パートといつも忙しくて子供たちに寂しい思いをさせていたと思います。

忙しいと心の余裕もなくなります。西原さんの手抜き育児（抜くところは考えて）に賛成です。時間に少しでもゆとりができれば、心の余裕もでき、きっと子供を叱る回数が減ります。そして、子供の心に寄り添えます。

私の4人の子供たちへ。一人一人に充分なことができなくてごめんなさいね。でも、4人とも良い子に育ってくれて、ありがとう。

卒母のススメ

第三章

卒母できない

みんな「卒乳」できない

（愛知県名古屋市、介護士、女城主、40歳）

卒母、それは私の夢であります。しかし長女（10歳）、次女（8歳）はオッパイ大好き。風呂上がりに食らいついてくるのは日常で、卒母どころか卒乳すらできておりません。加えて長男（45歳の主人）も卒乳できておらず、通りすがりにもみ、朝のあいさつでも背後に回って両乳をもみます。3人とも卒乳させ、卒母できるのは何歳くらいになるのでしょう？

出て行けとは言えない

（大阪府大阪市、主婦、毎日かず、55歳）

子供の頃嫌だった母と同じように、息子の幼少期には厳しいしつけをしていた私。息子が小学校の中学年の頃、「いいお子さんですね」と目を細めていた先生が「お母さんのこと、殺したいくらい厳しいって言ってます」と驚いて報告してくれた時、「私も子供の頃、殺したかったですよ」と言いかけた。

私は親にも先生にも困った子であったと思うが、息子は先生にも近所の人にも好意的に受け止められているとわかった時、一度目の卒母をしたのかもしれない。アイツは人として信用してよさそうだな、と。

その後は、夫と息子の友達のような関係もあり、アホなことばっかりする２人は笑いのネタ元となった。大学も卒業し、社会人２年目の息子だが、仕事は嫌いではないのにストレスに弱く、１年目は土曜日毎に医者通い、やっと慣れたと思ったら、２年目は他県に配属になり、また同様の生活。家に入れてくれるお金も貯まって、アパートの保証金ぐらいにはなったのだが、脂肪肝になっている息子に「出て行け」とはまだ言えないでいる。

寂しくて涙が出る

（鳥取県米子市、主婦、ゆう、51歳）

卒母なんて嫌です。寂しすぎる。

私51歳、子供は高校1年生の女の子1人。あと2年半もすると家を出てもう二度と一緒に暮らすことがないと思うと、寂しくて涙が出てきます。おなかの中にいた時も今もかわいくて、大切で、ずっとそばで見守っていたい。でも、そうもできないので、彼女が生きていくために教えてやりたいことが山ほどあるけれど、聞いてくれるはずありません。

毎晩、あと何回この寝顔を見ることができるのだろうと思います。時々、子供と同じ布団で窮屈に寝る夜は最高に幸せです。私をこんなにも幸せにしてくれた子の母を卒業なんてできない……。

83歳になる義母は今でも「息子命」。心の底からあきれていたけれど、きっと私も一緒。子供は「親は老人ホームへ」と言っているけど、どこに行ってもきっと卒母できないと思う。

女子はねえ
新しい彼が
できたとたんに
前の彼氏
忘れるのよ
卒母ってかっこ良く
言ってしまいましたが、
私がね
前の古い彼氏と
同じじゃないかって
思ってます
めっちゃお古
あきられた

お母さんって何⁉

（東京都足立区、自営業、匿名希望、50歳）

長女（25歳）はこの春、同棲を始め家を出て行きました。２人で結婚式の資金を貯めるそうです。私は「入籍だけの結婚でいいのでは？」と説得したのですが、行ってしまいました。22歳の次女は看護学校に通っています。来春国家資格が取れたら1人暮らしをする予定です。なので、毎朝弁当を詰めながら「ちゃんと子離れしなくては！」と自分に言い聞かせています。ただ、娘がいなくなっても夫の母（81歳）と仕事以外何もできない夫（55歳）がいるので卒母難しいかも⁉　今年の母の日にも夫が「俺の友人も、皆（私のことを）お母さんだと思っているよ！」とうれしそうに言っていました。

お母さんって何⁉　お母さんってご飯を作る人のことですか？

でも宝くじが当たったら、もう一回子供を産みたいなぁ……。なめるように育ててみたいなぁ……。そう言うと、娘たちからは「命の危険もあるし、自分たちの子供だと間違われるからやめて！」と怒られるのですが……。

卒母、いい言葉ですね。気持ちだけはスッキリ暮らしたいと考えています。

息子のためなら

（岡山県備前市、パート、松本直美、54歳）

この3月で息子は2人とも家から出て行った。18歳になったら順番にいなくなった。一緒に生活していた時は「どうしてこうも世話がやけるんだ」といつも怒っていたのに、あれこれ心配する人間がいなくなるとこんなに寂しいものなんだと思い知らされた。

夫と犬との暮らしになり、食料品は減りやしないのに、スーパーに行けば「これ好きだったよなぁ。いつも買ってたのになぁ」とじーっと息子の好物を見つめ、そしてカゴに入れている。大好きなアーティストのMVや本まで頼まれてもいないのに買っている。我ながら情けないと思う。

でも、私は誰が何と言おうと、「息子の命のためならこの身をいつでも差し出す」と断言する。こんな私は「重たい」だろうから息子には言わない。けれど心の中でいつも思っている。「私の息子に産まれてくれてありがとう。ささやかな幸せが君たちに訪れますように」

だから、私の卒母は少し時間がかかるかもしれない。でも、そんな自分もとても好きだ。

おう、孝行息子よ

（神奈川県逗子市、講師、池子の森りん、62歳）

そもそも母業に就かなかった気がする。春が来てもセーター、冬が来ても半袖。周りの子を見て、慌てて衣替えさせた。仕事に夢中で世話は後回し。しつけは無理だ。うそと悪意以外は見過ごそう。

以前、息子が旅行中にうかれてホームから靴を落としたところに電車が入ってきた。ビニール袋を履いて帰路についたが、線路上に遠ざかる黄色い長靴を息子は一生忘れまい。アクシデントは笑うしかない。鉛筆とは無縁で入学した教室の壁にはミミズ文字。成績表は休み明けに取り出し慌てて押印。学校は言わば勉強屋だが親は違う。家事は勉強より大事だから、受験だろうと風呂洗い、ゴミ出し。登校の朝「アレが要る」と言われれば文句ゼロで応えた。ずさんな親は子のずさんさを叱れない。

30歳過ぎた息子は夢を追いぎりぎりの生活だが、自炊し、部屋もうちより奇麗。夕食に招待すると帰り際、「肩もんでく？」。おう、孝行息子よ。怖くて聞けないが〝母のようなモノ〟でしたかね、私？

獅子は千尋の谷へ我が子を落とすという。うちは気付いたら落ちていたクチだけど。また「どんな親も子供の心に穴を開ける」と聞く。「穴を開けるなんてとんでもない！　完璧な母でした」というのも、いかがなものでしょう？　穴を開けたら反省し、忘れなければ良い。悔やんでも時は戻らない。

思い返せば、子供が成長痛で歩けなくなったことがあった。さすがに送り迎え、遠足にも付き添った。あれはもっとこっちを見てくれという息子の企みだったのかもしれない。

命を預かり育てる——それは大変なこと。けれどマジ、母業ほどいい職業ってない。

だから私はやめませんよ。

宝くじでも当てないと

（東京都足立区、主婦、羽部幸恵、69歳）

卒乳やオムツが外れるのは歓迎ですが、卒母はどうもちょっと寂しい気がします。私が「まだもう少しいいじゃない」みたいに引き止めるものだから、3人の子供たちは、それぞれに自分で巣立っていきました。

仕事もしており、趣味もあり、気の合う友人もいて……あっ、夫もいますし、その上子供たちまで手のひらに収めておきたいなんて、贅沢この上なし。わがままと分かってはいるのですが、寂しいです。

3人とも、それぞれが良きパートナーと巡り合え、何の文句もないどころか、感謝に堪えません。今は孫を連れて遊びに来てくれることが楽しみです。

知人で、兄弟4人、両親の残してくれた土地にマンションを建て、四世帯で住んでいる人がいます。私がそうするためには宝くじでも当てないと。まあ見果てぬ夢ですね。

少しでも役立ちたくて

（大分県大分市、主婦、すみれ、77歳）

先日、50歳の息子から「犯罪者になるから300万円用意して」とオレオレ詐欺のような電話。犯罪者にしてなるものかとお金を用意したけれど、電話は矛盾だらけ。しかし息子の一大事と思い込んでいました。最後に受け渡し場所を打ち合わせる電話に父親が「おまえは息子と違う」と一喝。慌てて息子の携帯に電話し、実被害なく終わることができました。

息子からも2人の娘からも「私たちを見捨ててもいいからお金は持っていかないで」と念を押されました。でも母親としては、いざという時少しでも役に立ちたいんです。

子供が結婚すれば間違いなく卒母と決めていたのに、まだまだ卒母できていないんだと感じた出来事でした。

兄の死を忘れない

（福岡県福津市、無職、川本幸重、81歳）

旧満州（現中国東北部）の大連で生まれ育ちました。私は末子の甘えん坊。小さい頃は脱腸やらで「あの子は長生きできない」と医者に言われていたようです。

12歳上の次兄は赤紙1枚で兵隊へ。やがて牡丹江《ぼたんこう》にいると知り、母が現地へ行きましたら、「たこつぼ穴」でビール瓶に火薬を詰めてソ連軍の戦車に当てる最前線にいたのです。部隊長に三日三晩頼み、オオカミの出る原野を3日車で走り、会えたそうです。そして大連に戻った後、10日後に終戦でした。母は次兄と戻りたいということで引き揚げを渋りましたが、戦前苦労して建てた家に戻りました。

ある日、役場の人が白い布に包まれた箱を持ってきました。その箱には白い布で覆われた石ころが一つ入っていました。骨がないので石ころを入れていたのです。母は泣き崩れました。

子離れ元年と決めたけど

（北海道美唄市、主婦、子供大好き母、61歳）

末娘が大学進学で親元を離れた時、子離れ元年と決めました。が、当時は毎日メールをして、心配ばかりしていました。返信が来ないのも心配で、娘に言うと「毎日めんどう」との返信が。メールをするのをやめたら私自身が楽になりました。こんなことなら、もっと早くにやめておけば良かったです。その時から子離れは少しできたかなぁ〜と思います。

今も心の中、９割は４人の子供と孫のことでいっぱいです。子供のことを思えるって幸せです。こんな私なので卒母はできそうにありません。

まだまだ遠いです……

（北海道札幌市、主婦、対馬三枝子、62歳）

私の「心のママ友」であった西原理恵子さんが卒母宣言された時、ちょうど1人息子が成人したので、私もならって卒母したいと考えた。折しも息子が友人と本州に7泊8日の旅をする。息子べッタリの毎日を清算するいい機会だ。そう決意して送り出した。

ところが飛行機の離陸時間が近づくと、空港の方角へ「神様仏様、息子をお守りください」と深々と頭を下げている私がいた。夜には息子が訪れているプロ野球のテレビ中継をつけ、目を皿のようにして応援席の中に息子の姿を探す。一瞬、息子が映ると「いた、いたー」と一人で大興奮。翌日は音沙汰もなく、一日中脱力してぼうぜんと過ごしてしまう。深夜、夜間長距離バスに乗ったらしい息子が心配で安眠できない。

長い夜が明けた早朝、メールで無事の到着を確認。安心して寝ようとすると携帯からけたたましい音。何と「東北方向へミサイル発射」のJアラート。仙台にいる息子に慌ててメールで「地下へ」と指示し、眠気は吹き飛んだ。私に卒母は、まだまだ遠い日のことらしい……。

姑と同じことをしています

（福岡県糟屋郡、パート、毎年母さん、60歳）

「通帳持った？　印鑑は？」「具合悪いの？　レントゲン撮ってもらった？　薬飲んだ？」「その病院で大丈夫なの？　私の行きつけの病院の方が……」

若い時から心配性だった姑は、年をとり、ほぼ寝たきりになってからは、ますます心配性に。そして最後は息子である私の夫に「うるさい、ガキやない。いちいち口出すな」と一喝されてシュン……。「そんなに重箱の隅をつつくように、心配事の種を見つけなくていいのに」と、半ばあきれながらも、私は姑のなだめ役に。

一方、夫は「俺、絶対に第三次反抗期だと思う。お袋の言うこと全てに腹が立つ」とブツブツ。でも、結局最後まで、姑は卒母できぬまま旅立ちました。

そして今、私も30過ぎの、独り身の息子に同じことをしています。「忘れ物ない？　まだ出かけなくて大丈夫なの？」「具合悪いのなら、病院行きなさい」

私もたぶん、死ぬまで卒母できそうにありません。せめて息子が第三次反抗期に入らないように祈るばかりです。

生きるエネルギーだもの

（神奈川県横浜市、パート、深見晶子、56歳）

この夏、卒母って無理なんじゃない!?　って思い知らされた出来事が。

お盆休みに大学院生の娘と、田舎で1人暮らしをしている母の元へ帰省した時のこと。わずかな年金をやりくりしながらの生活ぶりを知っているだけに、こちらも気を使い金を使い、心して帰省するのに、逆に気を使われ金を使われる始末。いくら私が「私をいくつだと思っているの」と言っても、きっと母は「子供だと思っている」と返してくるだろう。私の思いと母の思いがバトルすることしばし。そこに娘が緩和剤のように入る。お陰で気付いた。「この人は甘えてほしい、親として子の力になりたいんだ。じゃなければ84歳で1人暮らしできないかも」。母を思いやっているつもりが、思いの押しつけになっていた。娘よありがとう。

我が子、我が孫に心を砕くことが母の生きるエネルギーだとしたら、卒母は無理ね。

家族ってこうゆう
思いやりケンカ
多いですよね
買い物帰りは疲れたら
いかんからタクシー乗れ
言うたやろー
もったいない その金で
米が5キロ買えるぞねっ
人の言うこと
きけよっ
あー
つかれた
ばーちゃんの荷物は
私が持ってたー
思いやりなのに何で
毎回マジギレするのかナゾ
ぼそ

天国へ行っても終わらない

（東京都足立区、パート、小林美樹、46歳）

母は私が高校生の時に亡くなりました。まだ39歳でした。

その後私は結婚し、娘ができました。夫の母はおばあちゃんと呼ばれていますが、私の母は「お母さんのお母さん」です。娘たちは私の母に会ったことがありませんが、この先天国で会ったら「お母さんがあまりに大ざっぱで適当すぎて迷惑している」と文句を言いたいのだそうです。

天国へ行っても私のお母さんの「お母さん業」は終わらないようです。娘たちに「早くお母さん卒業したいなー」と言ったら「お母さんは一生お母さんでしょ」と言われました。

もしかしたら、私も死んでも卒母はできないのかもしれません。

たくさんかまいたい

（東京都文京区、無職、大ママ、87歳）

33歳の若さで夫に死なれ「卒女」してしまった私は、87歳にして卒母したくない。長女は私が男親になってしまった余波で次女の母親にされた。長女は結婚してアメリカへ行き男子２人を産み、私は祖母になった。次女は脱親をして世界を駆け巡る仕事を選んだ。地球を俯瞰していた娘は大好きなハワイへ不時着して私のもとへ戻ってこない。

私は高齢で仕事も終えた。出産期を逃して、もういい歳をした娘（次女）に〝チャンス到来〟とばかりにメールをして、たくさんかまいたい。長女夫妻は、今は２人暮らし。卒母せざるを得ない。日本にいる孫、孫嫁たちに私はうるさいグランマをしている、といってもこの年。もう卒業して、おとなしくしてなさいと皆は言いたいのかもしれない。

家族皆が集合できる時はワイワイ騒ぐが、本音の私は皆をギューッと抱きしめたい。

卒婆なし。

人は一人で生きられない

（京都府京都市、未生、55歳）

22歳の息子と20歳の娘の母親です。息子は面倒くさがり屋の飽き性で習い事もぜんぜん続かず、不登校の引きこもり、留年、休学と人より2年も遅れて20歳で高校を卒業しました。今は大学に通いながら、「勉強が楽しいからこのまま続けたい」と言っています。

娘は言い出したらきかない頑固者。親の反対を押し切って、私立高校の吹奏楽部に入りたいと入学し、3年間頑張り、大学はこれまた中学から希望していた音響の大学へ行くため1人暮らしを。

子育ては私にとって、それなりに思うとおりにしてきた人生の中で、思うとおりにならない初めての体験でした。

男女雇用機会均等法1年目で社会に出た私。男性同様の仕事の仕方を要求され、子育てと仕事の間で悩んだり、子供の病気で仕事を休んで上司に怒られたり。今では当たり前になりつつある共働きも、当時は「そこまでして働く？」と言われ、自分の選択に悩んだり。

卒母まで秒読みの今。当時はつらかったことも今は懐かしい思い出。待ちに待っていたはずの卒母をもう少し先に延ばしたい。

一緒に手をつないで保育所からの帰り道に見た夕焼けをもう一度見たい。人に言えない子供への黒い思いを誰もいない場所で叫んだ自分を懐かしく、愛おしく思います。

あの頃、何もかも大変で思うようにいかない自分や周囲にいらだち、でもその思いをいろんな方が聞いてくださり、支えてくれました。子育てを通して、多くの人に支えられ、つながりました。人は一人では生きていけない。そのことを教えてくれた子供たちに感謝です。

もうすぐ今度は孫育て？　まだまだ卒業できそうにないかも。

母の道は尽きない

（埼玉県ふじみ野市、主婦、永井日出子、70歳）

卒母という文字を見た時、「えっ？　母って卒業できるんだ」と思ったのが私の正直な気持ちでした。

確かに子育ては大変です。自分の足で自分の道を歩いてくれることを願って子育てをしていた頃は容易ではありませんでした。

今、３人の子供たちはそれぞれに親をあてにすることなく、我が道を歩いてくれています。でも、それで母が終わりだと思えないんです。子育てをする時期、子たちを見守る時期、子たちに感謝する時期、母として歩く道は尽きません。

母にならせてもらって、この年になってやっと自分の母親に感謝ができるようになりました。母の願いは子の幸せです。私自身も自立しながら子に執着することなく、母として見守り感謝しながら過ごしていきたいと思っています。

母でいられる喜びに、今浸っている最中です。

卒母できない母がここにいます。

孫より息子

（和歌山県橋本市、主婦、神吉俊子、67歳）

息子は43歳。子供が3人いて、もう立派に独立したお父さん。幸せに過ごしているはずだけど、私は一生卒母できないのではないかと思う。

息子の中学生時代、「俺、高校行かへん」「いい高校なんて、親の見栄や」と言い放ち、「もう、好きにせい」とあきらめた息子。現役の子育て時代にはクールに、すっかり子離れできていると思っていたのに、不思議に今になって、健康面や経済面、仕事や家庭などなど、何かと心配になる。

どうしてなんだろう。私が年をとったからなのか。それとも、自分の老後のために、息子が必要だというような利己的な考えからなのか。でも、孫たちも可愛いが、それよりも息子が可愛いというのが本当のところだ。それって、おかしいことなのか。

実際にサポートを必要とされない卒母はできても、精神的な面では、母親はいつまでたっても母なんだと思う。運良く尊敬できる息子に育ってくれたことが、ただただうれしい。

お弁当に込める想い

（大阪府東大阪市、会社員、村田恭子、42歳）

私が卒母を実感し始めたのは、長女の毎朝のお弁当作りがいらなくなってしまった時からです。

中学校・高校と給食がない地域だったので合計6年間作り続けました。

朝に弱い私はフルで働いていることを理由に、冷凍食品を完璧に盛りつけたお弁当を持たせていましたが、ある時から残して帰ってくる日が多くなってきました。それでも私は気にも留めず冷凍食品で彩ったお弁当を持たせていたのですが……ふと友達がSNSにアップしていたお弁当を見て愕然としました。決して豪華な食材を使ったおかずではないのですが、ひと手間もふた手間もかけられていた美味しそうなお弁当。写真とともに「子供たちがお弁当を開けて見た瞬間に母親からの愛情を感じてくれたらいいな」という言葉が。

思い出してみれば私も母親から冷凍食品など一切入っていない、愛情たっぷりのお弁当を持たせてもらってたはずなのに。すぐにスーパーに走り、野菜やお肉を買いあさりました。翌日から奮闘しましたよ。うれしいこともたくさんありました。お残しがなくなったのも当然のことなから「またこのおかずを入れて欲しい」とか「ご飯が足りなかった」とか（笑）。

何でもっと早くしなかったのだろうと悔やむところもありますが、まだ次女（16歳）が残っているので日々、お弁当を開けた時に「今日も頑張れよ！」というメッセージが届けられるよう毎朝作り続けています。

卒母……待ってました!!　と言いたいところですが、言葉なき言葉で届けられるお弁当という手段がなくなることが、寂しく感じてしまう今日この頃です。

生涯かあさん

（静岡県静岡市、事務員、もち、42歳）

「自分のための時間を」（P85）を読んで、大変励まされました。私にも重い障がいを抱える高2の息子がいます。2歳で重度自閉症・知的障がいと診断され、数年前にはてんかんも併発。今も、これからもずっと、常に誰かのサポートが必要な状態です。なので、西原理恵子さんの卒母宣言はショックでせつないものでした。「西原さんちの子供と同世代なのに、私は卒母したくても絶対にできない。一生子育ては終わらないし」と拗ねた感情が湧いてしまいました。

そんな時に甘酒さんの「世話の内容は変わりません。『育児』が『介護』に名を変えただけ」と達観しつつ、「自分自身の時間を持ってみようと俳句を始めました」という投稿を読み、私も母親業は時々横に置いて自分の人生楽しもう！と、目の前が明るく開けた気分になりました。

知的障がい者の福祉施設はまだまだ限られていて利用しにくい面も多いのですが、短期入所なども利用して、いつか憧れの由布院温泉へ行って羽を伸ばしたいなぁ。行きつけの書店でパートもしてみたいし、ピラティスも習ってみたい。卒母しなくとも「生涯かあさん」だって、自由に前向きにいろいろ挑戦していきたいです。

息子の独立宣言に……

（神奈川県川崎市、教員、まななな、57歳）

今朝も家が揺れるほどの爆音をたてて玄関の扉を閉め、息子が出勤した。他の扉は全部開けっぱなし、電気は全部つけっぱなしだ。そして、脱いだ物は抜け殻となって落ちている。小さい時からずっとこの調子だ。

そんな息子も、すでに30歳。目標の貯金額になったので、7月末に独立するそうだ。「1人暮らしもしたことがない男と結婚する人なんていないわよ」と同僚に言われ、そのとおりだと思っていたから息子の独立宣言がうれしかった。

「絶対に僕の部屋には来ないでね」と頼もしい言葉で、独立をアピールする。

しかし！だ。独立してもあの騒音への苦情で、ご近所トラブルになるのではないかと不安でならない。

大きな不安と、卒母への期待が渦巻いている。

洗濯物を干し終わった時、息子の靴下が両方揃っていることが最近の密かな喜びの私。果たして卒母できるのだろうか。

甘いのかな

（大分県大分市、パート、つぶあん、53歳）

娘は高校で不登校、転校、地元からは遠い関西の専門学校に進学、関西で就職するも、帰郷した際に、あまりに目が死んでいたので「これは危ない」と半ば強引に地元に連れ帰りました。今は、無事働きつつ、アイドルの追っかけもどきをしています。私も、娘の紆余曲折に合わせて体重が減ったり、病院に通院したり、カウンセリングに行ったりと、かなり神経をすり減らしてきましたが、今や体重は元に戻るどころか、増える勢いで……（笑）。「もうあなたのことはやり尽くしたし、心配もし尽くしたので、あなたの母を卒業します」と話しています。しかし、いまだに「お金がない」からという娘に弁当作りは続いています。一応、旦那のついでというタテマエですが（笑）うーむ。やっぱり甘いのでしょうか ^^;

卒母のススメ

第四章

卒母したい！

夢見てやまない

（大阪府寝屋川市、主婦、未来の小さな巨人の母、56歳）

卒母は、今私が夢見てやまない言葉です。子供が中高生の頃、手を抜いていた罰だか何だか知りませんが、我が家の25歳の息子と、21歳の息子の食事の用意、身の周りの世話で、体力を使い果たし、なかなか自分の時間が持てません。

息子たちはそれぞれに夢を持ち勉強中なので、親として応援するのは普通のことなんでしょうが、「そろそろ自立してくれー」が本音です。

子供の頃と違って、それぞれこだわりもあるし、食べる量も多いし、かさばるし。夫はマイペースだし、別居している老いた両親もほってはおけず、卒母どころか、妻、母、娘の三役果たすのに汗する毎日です。同年代の友人たちは、子供が巣立つのを涙ぐんで見送っていたのも束の間で、趣味に仕事に、ランチに同窓会と羽ばたいているのに。私が羽ばたけるのはいつなんでしょう！

とはいえ、家族そろっての夕食は楽しくないわけでもなく、やがて失われる幸せの時を惜しみつつ、切に祈ります。「息子たちよ、夢をつかんで、そして母を卒業させてください」

私の理想は

（熊本県熊本市、専業主婦、ゆみかの母、69歳）

末っ子の28歳の娘とは毎日一緒に風呂に入る。週末は運動不足にならないようスーパーへ買い物に行く。

娘は知的障がいで自立できない。月曜から金曜は施設に通っている。自分の身支度はできるが、介助は不可欠だ。お金の勘定ができない。洗濯物を畳むなどの簡単な家事はこちらが教えた通りに喜んでやってくれる。施設の行事で外泊すると私の仕事が増え、こちらが彼女を頼っているところもある。でも、歯科医院への付き添いや役所での支援手続きなど一日たりとも1人にすることはできない。

夫も世話をするが、女性なのでどうしても私の方が距離は近い。時々、娘に「お母さんが死んだらどうする」と問う。答えは決まって「お母さんは死なないもん」。娘と1日違いで旅立つ――それが私の理想の卒母である。

輝く母たちの笑顔

（香川県高松市、小学校支援員、きょうのすけ、37歳）

まだ20代の頃、私立中高一貫校の教員をしていた。結婚を機に県外へ出ることになり、担任していた生徒が中学部を終えるのを機に退職。その3年後、1人目を出産してまもなく、教え子たちの高等部の卒業式に参列した。謝恩会にも呼んでいただき、懐かしい保護者たちと話に花が咲いた。

「私らこうしてもう子育ては済んだけど、先生はこれからやね。頑張って」。そう励まし、喜んでくれたママたち。その時の晴れやかな顔が忘れられない。子供が高校を卒業するまでを支えてきた、輝くような母たちの笑顔だった。

あれから4年半、私の子供はまだ5歳と3歳の幼稚園児。毎日がにぎやかで忙しく、まさに子育て真っ最中。卒母はまだまだ遠いけれど、いつかあの日の大先輩ママたちのように、晴れ晴れとした気持ちで卒母できるといいなあ。

そう
誇らしいんだ
年とって
シワできて
太っちゃってね
でも子供を
大人にしたのが
すごく
誇らしくって
母さんはみんな
いい顔

永遠の片思い

（東京都調布市、ギャラリーカフェ経営、そのこ、60歳）

息子が小6と小3の時に離婚したシングルマザーです。すぐに長男が反抗期に入り、トンネルを抜けるか抜けないかで次男が突入。次男の反抗期は長かった。

思えば長男も、24歳になった今もきっと母が嫌いでしょう。生活するために必死で……という言い訳になってしまうけど、母らしいことはあまりできなかったと思います。それゆえ嫌われる要因はいっぱい。別れた元夫は新しい奥さんと子供がいるらしい。私はそれどころではないさ。となると、本意ではないけど息子たちが私の全て、永遠の片想いです。

この度、長男が結婚することになりました。おめでとう！　心からおめでとう‼

息子の子供はお嫁さんに「抱っこしていい？」と聞いてからでないと触れないらしい。いいよ、私も忙しいからちょこちょこ会いに行けないし。これで卒母できるかしら。永遠の片想いは続くけど、胸の奥底に隠して長男の卒母です。今月、彼は家を出ます。さっさと出て行け！

問題児だった次男もこうやって家を出て行く時がくるのでしょう。その時ロスらないように、さっさと卒母しないとですね。その後は母の介護だけが私の人生になるのかな。

鬼でけっこう（宮城県柴田郡、レストラン経営、岡伸子、76歳）

５歳の時に妹が生まれるまで１人っ子だった息子。泣き虫で、小６の時に町で担任にバッタリ会い「給食の時間に女の子たちに押されて泣いていた」と聞いて、ガッカリ。

中１のお祝いに目覚まし時計をプレゼントし、「絶対に起こしません」「忘れものも届けません」と宣言。夏休みに米のとぎ方、洗濯の仕方を伝授。中２の秋、突然「新聞配達をする。販売店に約束してきた」と言い、朝４時半起きを高校卒業まで５年間続け、一度も私に起こされることがなかった、アッパレ。息子と娘がコソコソと「うちのお母さん、鬼だよね」と。私は心の中で「鬼でけっこう」と思っていた。

今年９月で49歳、高校卒業後は板前の親方に７年師事し、上京してから30年、人の上に立っているようだが、いまだ独身。私の妹たちは「あまりに自立しすぎたのよ、スパルタのせいで」と。私は夫亡き後11年、ボランティアや食育コーディネーターで忙しいのに、正月、ＧＷ、盆と、よくまあ帰ってくること。切符代がもったいない。一週間の休みで２万の食費はかからんだろうに。卒母させてくれえー。

巣立ったら知らないよ

（大阪府茨木市、児童指導員・コンビニ店員、遠藤恵子、48歳）

「亭主元気で留守がいい」ってコピーが昔ありましたけど、子供もまさしく一緒で、巣立ってくれたら、元気で留守がいいと私は思います。

21歳、16歳、14歳の娘がいますが、卒母はまだできず、私の予定は5年後です。ネイルスクールに通う長女には、今年でネイリストになって巣立ってもらう（予定）。高2の次女は英語が活かせる職に就くために外語大をめざして勉強中なので、しっかり勉強して好きな仕事に就いてもらいたい。中3の娘は3歳からバレエを習っていて、本格的にバレエで食べていける道を模索中。サラリーマンの夫とパート勤めでは、教育費と稽古代を捻出するのだけで超しんどいですが、娘たちのやりたいことはやらせてあげたい。そのかわり、巣立ったらもう知らないよって感じです。

長女は高校生の時の反抗期がひどくて、刺し違えるかと思ったことも1度や2度ではありません。

元水商売でニートの彼氏ができた高3の終わり。遅くなるたび小言を言い、送ってきた彼にも早く帰すように言う日が続いたあと、ついに家に帰らなくなって。LINEで連絡はよこすものの、帰らない日がちょくちょく。探偵のようにその彼氏の家をつきとめ、早朝にピンポンして出てきたのは、ニートのお父さん。お父さんも無職で、女の子を家に連れ込んでる息子に何も言えない状態。娘をひっぱって連れ帰り、彼とはそのまま疎遠に。ほんとは帰りたいし別れたいのに、どんづまりだったみたいです。何度言っても聞かない娘に「勝手にすれば」と思ったことはあったけど、自分で食べていける人になるまでは面倒をみるのが親だと私は思ってます。

長女は高校を卒業してからも、何がしたいのかわからない状態が続いてましたが、やっと今できることがみつかり、巣立つ準備中。妹たちは長女が反面教師となって、早くにやりたいことをみつけて邁進しています。でも、壁はいくつも出現するだろうから、あと5年は卒母しないで付き合います。5年後のために母も勉強中。

これからは同等に

（千葉県千葉市、会社員、ちいぱっぱ、51歳）

産まれ落ちたその日から、泣き虫だった息子の育児に苦労しました、一緒に泣きもしました。そんな息子も、小学校高学年の頃、一気に身長が伸び始め、その頃から心も成長して強くなってきました。

現在、高校3年生で受験生です。「勉強しなさい」も「ここを受けてみたら?」も言いません。「出せるお金はこれくらい」と宣言し、自分で考えて動いてもらっています。私より大きくて強くて、自分で考えられるようになった息子に、私が何を言えるだろう。そう思い始めた頃に、西原理恵子さんの「卒母宣言」を知りました。

そうだ、私も卒母しよう♪　「お母さん」と呼ばれることに違いはないのだが、これからは同等になるよ。

何かやらかしてももう叱らないよ。「どう思うよ?」と聞くし、夫と話すように敬意も払うよ。大人として扱うよ。でもねぇ君、朝はちゃんと起きてくれないかなぁ……。そうでないとやっぱり怒鳴って起こしてしまうわ（笑）。

あの世で酒盛りしよう（千葉県四街道市、ボランティア・パート主婦、千葉清美、54歳）

今年3月、27歳の長女を急病で亡くしました。3歳で発作を起こして知的障がいもあって、そりゃ子育ては苦労の連続でした。やっと学校が終わって正社員で就職させて、これで一安心と思っていたら、こんなことになっちゃって。

おーい、娘！　まだあんたにかけた苦労、返してもらってないぞ。さっさと自分だけあっちの世界に行くんじゃねえ！　お母ちゃんはまだ生きるから、ちょいと待っててくれ。あんたは病気の薬をずっと飲んでて、酒が飲めなかった。あの世で女2人で酒盛りしような。一緒に酒を酌み交わせる日が来た時が、私の卒母です。

感謝と喜びの涙

（兵庫県西宮市、宣教師、デルミン康子、43歳）

娘が大学進学のため、去年の夏に渡米した。出発当日、空港に着いた瞬間から涙がこみ上げてくる。そして別れの時。娘が振り返って手を振る。その時の笑顔！　すごく美しかった。立派な大人の女性になっていた。その顔を見て私は「今が出発の時。巣立っていく時なんだ」と納得した。満足感と感動で胸がいっぱいになった。涙目を隠すためにサングラスをした私たちに、娘はもう一度にっこり笑って行ってしまった。

あの日の涙は決して、子離れがつらくて流す涙ではなかった。手は離した。大丈夫だと確信できたから離せたのだ。涙のきっかけは少しの寂しさだけど、娘が立派な大人に成長したことへの感謝と喜びの涙に変えられていた。家には高３の息子と小６の娘がまだ残っている。２人を送り出す日まで、もうひと頑張り！

刻々と迫る実感

（大阪府大阪市、会社員、金田留美子、45歳）

西原さんのお子さんとは我が息子&娘と歳も近く、シングルマザーになったところも……。私は『毎日かあさん』に励まされ、時には涙し、楽しく、手抜きで（？）子育てしてきました。『ああ息子』（2005年に毎日新聞にて連載。後に書籍化）に投稿&出版もかないました。おかげで（？）まっすぐ成長した子供たち。

部活に勉強に恋に一生懸命。息子は先日家に彼女を連れてきました。シングルマザーになる時、一番話を聞いてくれ、背中を押してくれたのは息子です。

両親が離婚したことで、子供たちが、「恋愛なんて」「結婚なんて」と思ってしまうこと、「一生懸命やってもしゃーない」と感じてしまうのは嫌だなと思っていました。そんな心配をよそに、ちゃんと家族以外に大切なもの、大切な人ができて、ひと安心しました。同時に刻々と卒母が迫っていると実感し、寂しくもありました。

近くいつか来る卒母の日まで、今、子供たちと思いっきり笑って、しゃべりたおしておこうと思います。

今のうちに自立させねば

（群馬県佐波郡、会社員、小鮒寿子、58歳）

長男が小学校の低学年、次男が保育園の時に別居し、そののち離婚した。どうしても、伴侶として、父親として、そして人としても我慢ならない理由があって決断した離婚だったとはいえ、離婚理由には何の関わりもない子供たちから父親を奪ってしまったという罪の意識のような気持ちは、長いこと私を苦しめた（今もなお）。そして、子供たちがかわいそうという思いが常に先行した。その結果、子供たちのすることを先回りし、保護し、たとえ自身が疲労困憊していたとしても世話を焼くなど、甘い母親になってしまったと思う。

昨年、長男が転勤で家を出ることになった時、もう二度と一緒に暮らすことはないと思ったら寂しくてたまらなかった。駅まで送り、発車を見送り、さめざめ泣いた。一度泣いたら、何だか憑き物が落ちたようにすっきりして、急に意識が変わった。30過ぎたいい大人の心配なんてもうすることない、って。

私が子離れの時期に失敗したばかりに、次男もいまだのうのうと実家暮らしだ。手作り弁当を毎日持たせている場合ではない。このままではきっと孫の顔も見られない。

何よりも、自分ファーストで俺様な態度が鼻につく。何とか今のうちに自立させねば彼のためにならない。自宅から車で5分の職場に勤めているのに、今さら転居を促すのは難しいかもしれない。でも、もう策は考えてある。

私が家を出て行く。再婚して。ふふふっ。

卒父まで見守っててね

(千葉県佐倉市、無職、菊池淳、59歳)

昨年(2016年)10月22日、妻は卒母を余儀なくされました。天上に旅立ちました。成人はしたけれど道が定まらない娘と、ちょっとおばかな愛犬が心配で心配で、卒母は深く心残りだったと思います。

今は私が母親役。娘が週1ペースで帰省すると、まずはおいしく栄養を考えた食事。そして話し相手。妻のようにはいかないけれど、それなりにアドバイス(妻は娘の友達や習っているダンスのことをよく知っていました)。離れている時はソーシャル・ネットワーキング・サービス(SNS)の相手。たまにデートの相手(これは楽しい)。愛犬の散歩は朝夕欠かさず。2役は大変であります。

でも日本中みんな頑張っている。そう、みんな一生懸命生きている。小生の卒母(卒父)はまだ先であります。それまで見守っててちょうだいね、お母ちゃん。

お嫁さんに丸投げしたい

（兵庫県姫路市、主婦、前田朋子、50歳）

私は、長女25歳社会人4年目、長男大学4回生の母です。将来「卒母宣言」したいと思っています。時期は、子供たちが結婚した時。今まで子供たち中心の生活をしていたので、子離れのきっかけに必要と思うからです。

娘はきっと結婚しても、子育てなどいろいろ聞いてくると思います。母というより、先輩としてアドバイスをしたり一緒に考えたりしていきたいなぁ。実のところ、自分のしてきた子育てで忘れているところはたくさんあるし、今と昔ではずいぶん変わっていると思うから。

息子については、お嫁さんに「はいどうぞ！」って丸投げしたいです。遠くから見ているぐらいの立場でいたいと思っています。

娘と息子で、少し卒母の仕方は違いますが……。

でも、結婚しなかったら卒母宣言ができないので、母を楽しみます。

特訓中

（神奈川県横浜市、専業主婦、箱根可愛、35歳）

息子がもうすぐ2歳になる。産まれて2年、ママ3年生が修了。葛藤がたくさんあった。夫が自営業のため、世に言うワンオペ育児。産まれてすぐは3時間毎、夜中にソファーに座り何度も寝落ちそうになりながら授乳した。母になれば自分のことなんて考える暇がないのはもちろん、トイレもろくに行けない。赤ちゃんのお世話というのはたくさんの職業を掛け持ちしているようなものだ。保育士、管理栄養士、家事代行、介護士、お歌のお姉さん、クリーニング業などなど。ホッと一息つく間もない。

そうしているうちに待望の1歳を迎えた。だんだん歩けるようになったり、少し言葉をしゃべったり、感情が顔に表れたり。できることが増えてきた。うれしいのもつかの間、疲れて少し横になってる間に部屋は泥棒が入ったみたいにめちゃくちゃになる。毎日どこにも吐き出せない苦悩がある。外野の「そんなことくらいで」が毎日積み重なるとどれだけ極度のストレスか。母になった者にしかわからないところに育児の闇がある。とはいえ、その苦悩を癒してくれるのも息子なのだ。今では「ママしゅき」と気持ちを伝えてくれる。

息子は離乳食を始めた頃に乳アレルギーがあり、１ccから始めた。１ccを計るのがどれだけ大変か。何カ月にもわたって毎日１ccずつ増やして様子を見るのが、辛抱強い私でも本当に大変だったことは、当時誰も理解してくれなかった。ようやく牛乳を「おいしい」と言って毎朝飲めるようになった。一人でできることをどれだけ増やせるか、どれだけ寄り添ってやれるか。私はこれこそが親の役割だと思う。

息子は今、トイレトレーニングを始め、上手くいったりいかなかったりする日々を奮闘している。ズボンを穿く練習をしていて、一つの穴に２本足を入れてしまっても手は出さない。「自分でやってみなさい」。私は息子ができるのを知っているし、信じている。すぐに直してあげるのは簡単だ。でもあえて手は出さない。コツは教えてあげても、やるのは本人だ。できることを増やしていって、息子が一人でもちゃんと生きていけるように毎日特訓している。食事の仕方、料理の作り方、洗濯の仕方……お掃除を手伝ったら給料として大好きなゼリーをあげるよ、仕事をしないとおいしいものは食べられないよ。いつか役に立ってくれ。いつか「自分でやる、自分でできる」が増えますように。

毎日つけている育児日記を楽しく読みかえせた日が卒母なんだと期待している。

いつか自由に

（愛知県名古屋市、保育士、山本弘子、42歳）

西原さんが卒母されると聞いて、私もやっとあと10年かと思いました。私は西原さんよりほぼ10歳年下、2人の子供も西原さんのお子さんのほぼ10歳下。「10年後に卒母できるんだ」と希望を感じました。と同時に、あと10年も頑張れるのだろうか、とも思いました。

ワンオペ育児なんて言葉もない頃から、子育てのほとんどを自分一人で抱えてきました。子育てしながら保育士の国家資格を取得し、仕事でよその子の保育もしながらの育児。上の子は今年10歳。正直、この10年の記憶は途切れがちです。つい昨日産んだような、遥か昔のような、前後すらあやふやな状態です。毎日が綱渡りで、闘いで、生きていくのに精いっぱいの日々。夫に対しては、諦めの気持ちをうまくコントロールできるようになった10年でした。

いつか自分は自由になれるのだろうか。自由になった自分、子育てから解放された自分に待っている未来はどんな毎日だろうか。早く卒母したい。これまでの10年が一瞬だったように、これからの10年が一瞬で過ぎますように。子育てのまっただ中の私には卒母という言葉が輝く未来のように思えてなりません。

卒母ものがたり

卒母で〜す
などとえばって言ってますが
何を今ごろ
あんたが一番もたもたしてて
中退とか
リコンとか
私の友人はみんなとっくに卒母してる人が多くて
こないだ娘さんの結婚式に
出席してきた

今日子そっくりだけど
うんうん
今日子ちゃん
小学生時代石で人を殴る別名凶子
今日子ちゃんよりいい笑顔だね
だって頑張ったもん
あんたもほんといろいろあったよね
極めつけは元夫ののたれ死にとか
発酵しちょったでー
何ガー
自分の子供を自分よりいい笑顔にして送り出す
みんな、私の尊敬する先輩卒母

そんで始まる
楽しいおばさん生活
りえさん手帖
びっフリパーマ
ハワイ旅行に行ったら
韓国やら中国やらたくさんの中高年ツアー
みんなめいいっぱいのムチャなおしゃれして

パーマもはりきって
こってこてにあてて
びっフリ
日本で言うとこの
盆暮れパーマ
こんなこと言って
申し訳ないけど
ホント
くたびれた
お父さんで
それは幸せそうに
手をつないで
写真を撮って

※「りえさん手帖」……毎日新聞で「毎日かあさん」終了後に開始した新連載。ド派手な〝オバサン〟ルックの「りえさん」が主人公。

西《さい》原《ばら》理《り》恵《え》子《こ》（漫画家）

1964年、高知市生まれ。武蔵野美術大学卒。『ぼくんち』で第43回文藝春秋漫画賞（1997）、『毎日かあさん カニ母編』で第８回文化庁メディア芸術祭マンガ部門優秀賞（2004）、『上京ものがたり』『毎日かあさん』で第9回手塚治虫文化賞短編賞（2005）、『毎日かあさん』で第40回日本漫画家協会賞参議院議長賞（2011）を受賞。VOGUE JAPAN Women of the Year 2010、第6回ベストマザー賞（2013）も受賞。作品は他に『恨ミシュラン』（共著）、『できるかな』シリーズ、『西原理恵子の画力対決』シリーズ、『いけちゃんとぼく』、『パーマネント野ばら』、『ダーリンは70歳』、エッセー『生きる悪知恵』、『スナックさいばら』シリーズ、『女の子が生きていくときに、覚えていてほしいこと』など。

本書に収録された投稿の一部は、
毎日新聞の連載「卒母のススメ」（2017年7月3日～9月25日）に掲載されました。
P3,P137-141 は描き下ろし。

卒《そつ》母《はは》のススメ

[印　刷] 2017年11月1日
[発　行] 2017年11月15日

[著　者] 西《さい》原《ばら》理《り》恵《え》子《こ》＋卒《そつ》母《はは》ーズ

[発行人] 黒川昭良

[発行所] 毎日新聞出版
〒102-0074　東京都千代田区九段南 1-6-17　千代田会館 5F
営業本部　Tel.03-6265-6941
図書第一編集部　Tel.03-6265-6745

[印　刷] 三松堂印刷

[製　本] 大口製本

ISBN978-4-620-32478-4

西原理恵子の本

『毎日かあさん』

『お徳用毎日かあさん』1+2巻 3+4巻 5+6巻 7+8巻

『毎日かあさん14 卒母編』

『毎日かあさん』オリジナルシリーズ 9～13巻

毎日新聞出版刊